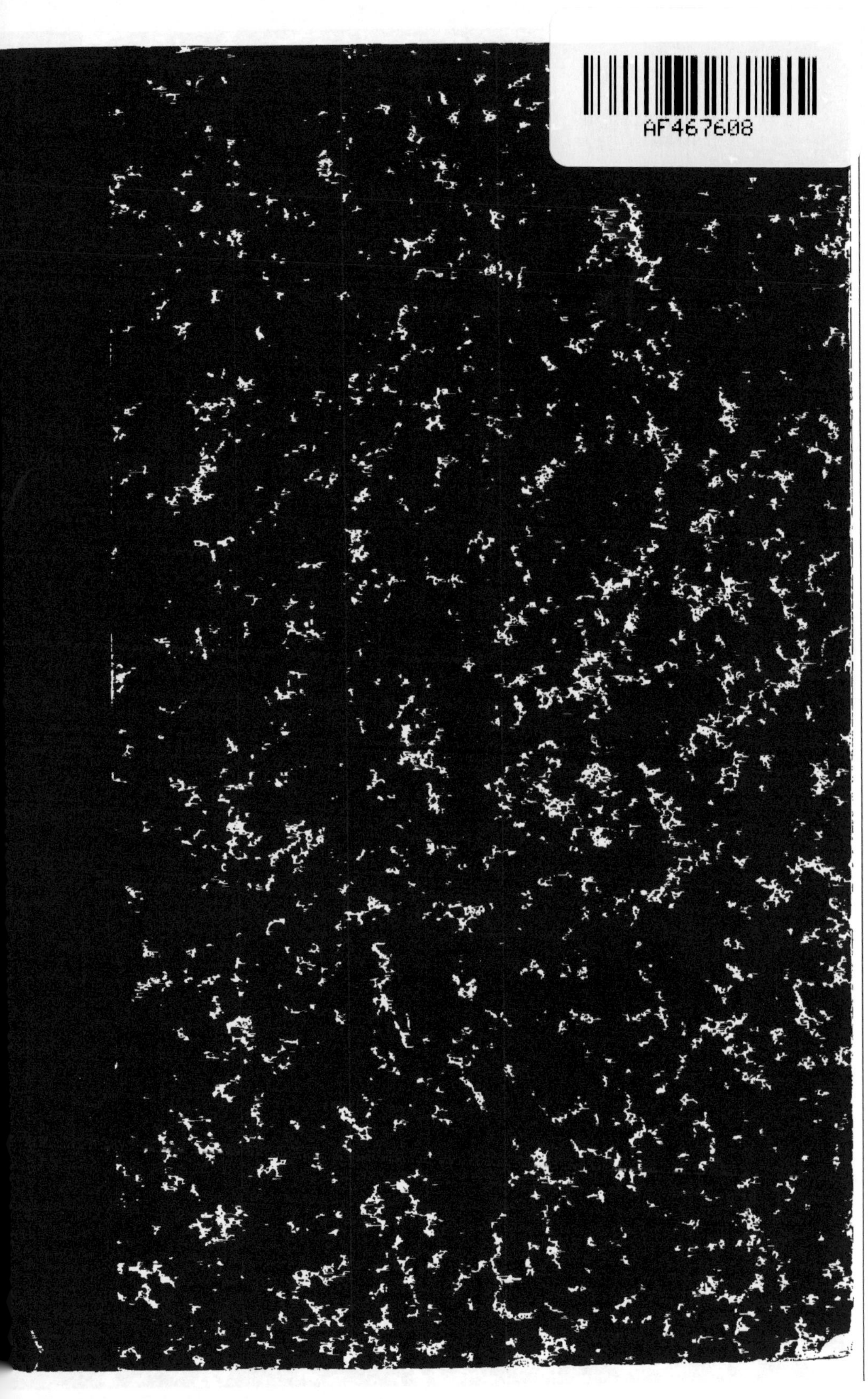

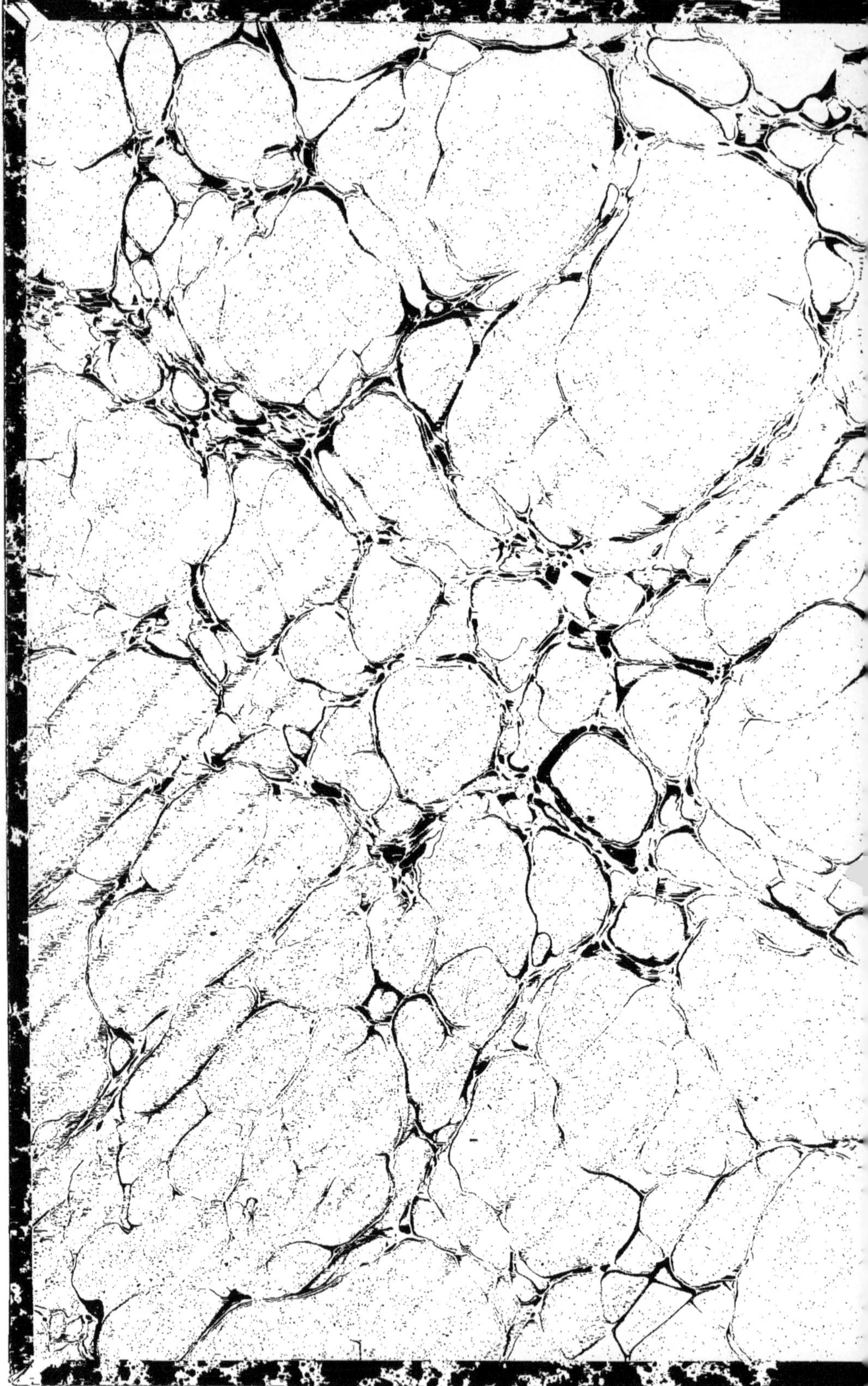

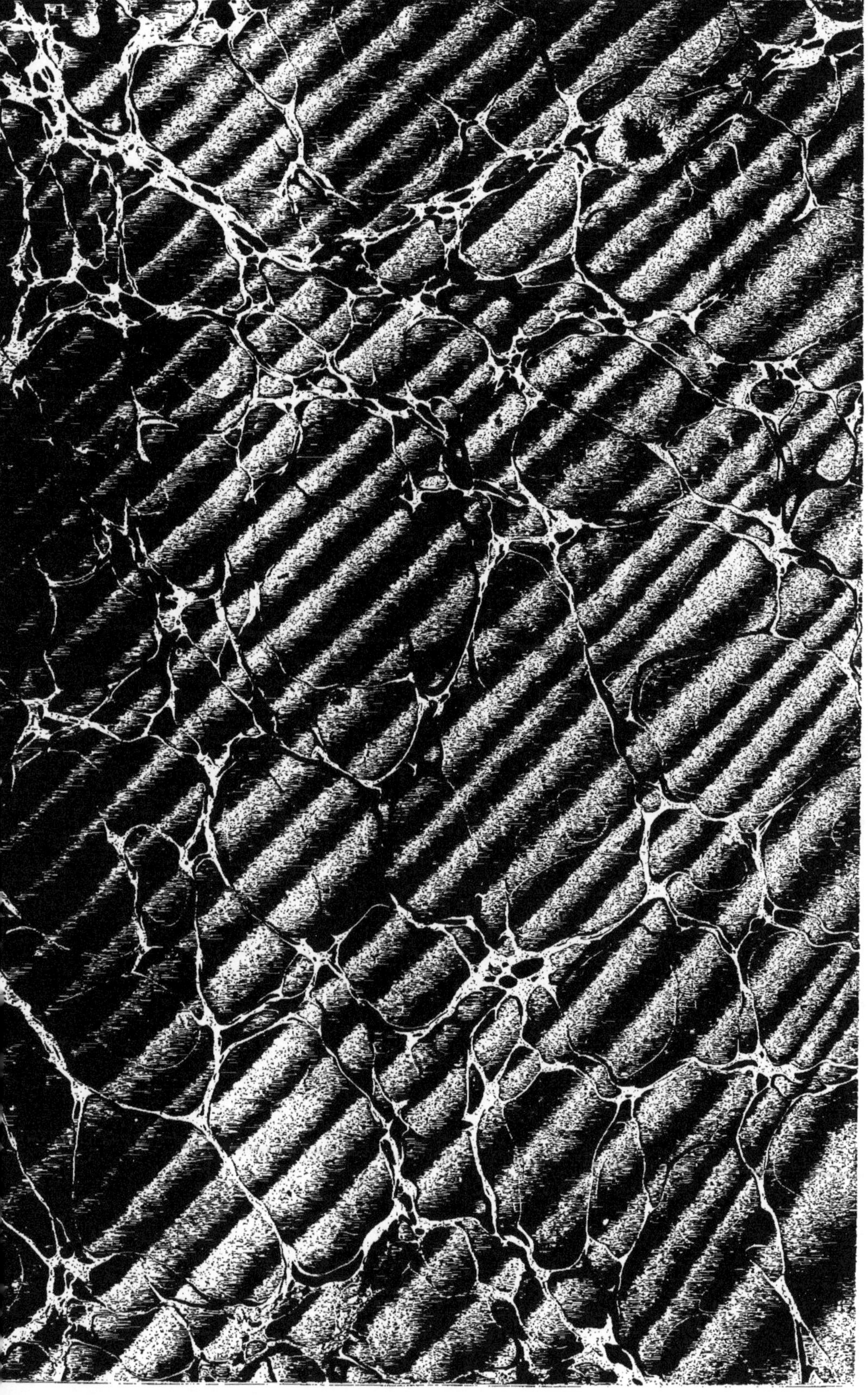

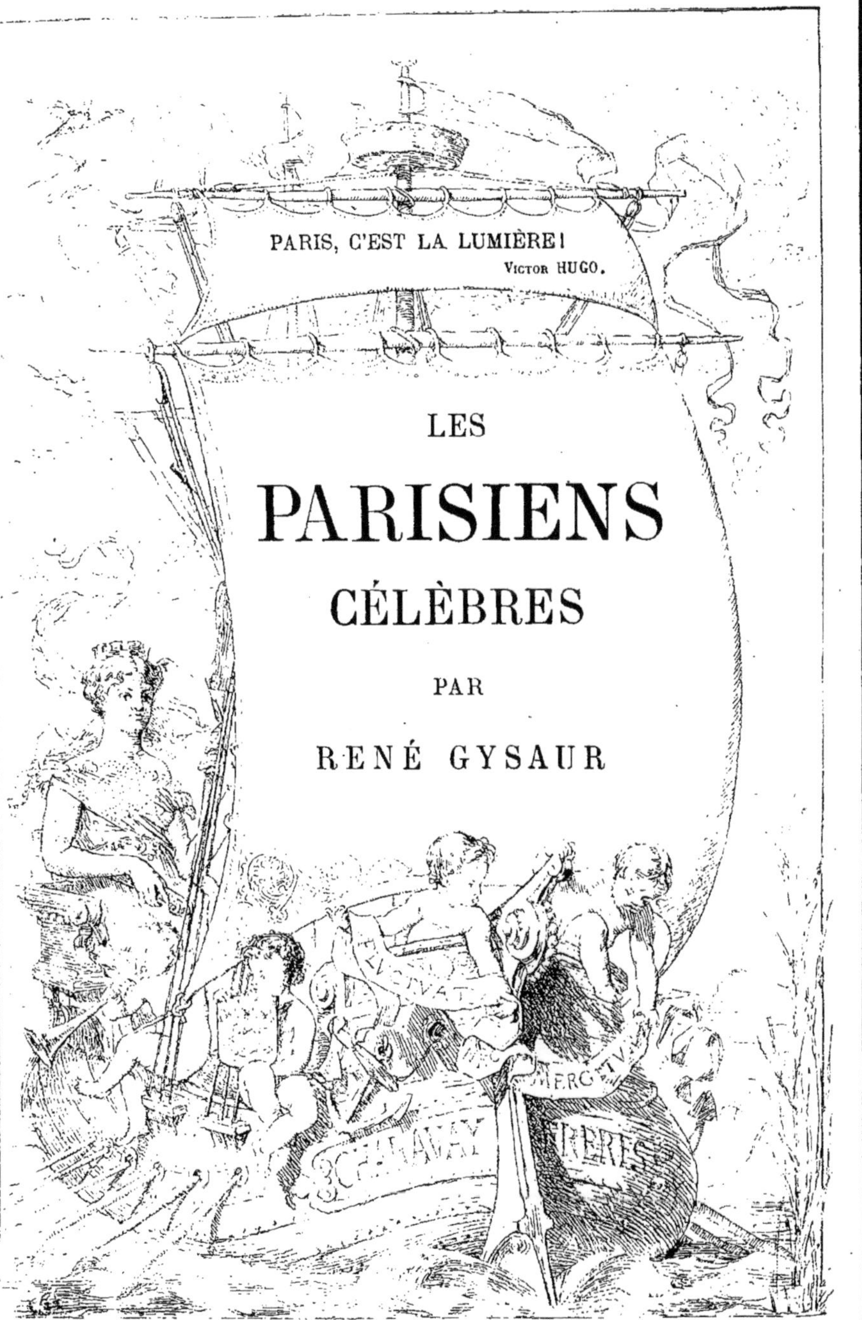
PARIS, C'EST LA LUMIÈRE!
VICTOR HUGO.
LES
PARISIENS
CÉLÈBRES
PAR
RENÉ GYSAUR

LES

PARISIENS

CÉLÈBRES

BOURLOTON. — Imprimeries réunies, B.

PARIS, C'EST LA LUMIÈRE

VICTOR HUGO.

LES

PARISIENS CÉLÈBRES

PAR

RENÉ GYSAUR

PARIS. CHARAVAY FRÈRES ÉDITEURS

4, rue de Furstenberg.

1884

AVERTISSEMENT

Le présent volume est un hommage rendu aux illustrations parisiennes. Notre chère cité a produit un grand nombre d'hommes éminents dans toutes les branches des connaissances humaines. Il nous a paru intéressant de grouper par spécialité ces Parisiens célèbres et, dans chaque spécialité, de citer par ordre chronologique les noms les plus importants. Tel a été le plan de cet ouvrage, qui a au moins le mérite de la nouveauté du sujet et de la conception. Certes, nous n'avons pas la prétention d'être complet, car, pour cela, il faudrait plusieurs volumes, mais nous nous sommes efforcé de mentionner, dans chaque série, les personnages caractéristiques et d'une réputation incontestée. Tous les Parisiens, dont les statues décorent notre nouvel Hôtel de ville, ont leur place dans notre galerie.

Nous ne nous sommes occupé, bien entendu, que des Parisiens que la mort a rendus justiciables de la postérité. Cependant nous avons consacré un dernier chapitre aux Parisiens vivants, et nous croyons que cette dernière nomenclature, toute sèche et toute incomplète qu'elle soit, ne sera pas sans intérêt.

Nous offrons avec confiance ce volume à nos concitoyens. Les Parisiens, notamment, accueilleront avec plaisir ce livre d'or de la grande cité, cette glorification de leurs illustres ancêtres.

En terminant, nous devons remercier M. Étienne Charavay de son active collaboration au présent ouvrage.

R. G.

LES

LITTÉRATEURS

I

LES POÈTES

CHARLES D'ORLÉANS. — VILLON. — CHAPELAIN. — GUILLAUME COLLETET. — SCARRON. — BOILEAU. — MADAME DESHOULIÈRES. — VOLTAIRE. — LEMIERRE. — DORAT. — COLLÉ. — ÉCOUCHARD LEBRUN. — GABRIEL LEGOUVÉ. — BÉRANGER. — AUGUSTE BARBIER. — HÉGÉSIPPE MOREAU. — ALFRED DE MUSSET. — CHARLES BAUDELAIRE.

Paris a vu naître les deux plus illustres poètes du XVe siècle, Charles d'Orléans et François Villon.

Fils de ce duc Louis d'Orléans, qui eut l'esprit léger mais bienveillant et généreux, qui aima les livres et composa même quelques vers, Charles d'Orléans[1] naquit au palais royal de Saint-Paul où ses parents partageaient la demeure de son oncle Charles VI. Il avait seize

1. Né à Paris le 26 mai 1391, mort le 4 janvier 1465.

ans quand il perdit son père, assassiné dans la vieille rue du Temple. Un an après il perdait sa mère, la belle, la fidèle, la vertueuse Valentine de Milan. L'aîné de cinq orphelins, il devenait à dix-sept ans chef de famille. C'était un lourd héritage pour ce jeune homme doux et timide : bien des haines y étaient attachées ; et il fut même obligé de recommencer la vieille guerre des d'Orléans contre les Bourguignons.

Mais le roi d'Angleterre ayant envahi la France, Charles se rendit au mandement royal avec un contingent de 500 lances qu'il conduisit en personne à la bataille d'Azincourt (25 octobre 1415).

Le duc fut fait chevalier, la veille, sur le champ du combat. Le jour même, il combattit dans l'avant-garde; ses hommes furent défaits et il resta lui-même au pouvoir des ennemis qui le conduisirent en Angleterre. Il passa toute sa jeunesse, et plus que sa jeunesse, vingt-cinq ans, dans une désolante captivité. Enfin, il recouvra sa liberté moyennant une énorme rançon, et alla vivre paisiblement dans son château de Blois. Il avait peu de goût pour les affaires ; point pour la guerre. Il laissa le roi de France achever sans son concours de chasser les Anglais et mena une vie douce, ennoblie par les arts. Il était poète. Rimer fut la grande affaire de sa vie, dans la bonne comme dans la mauvaise fortune. Il laissa cent deux ballades, cent trente et une chansons, sept complaintes et quatre cents rondeaux, tous poèmes à forme fixe, c'est-à-dire soumis à des lois qui en déterminaient les propositions et la figure. Les poètes d'abord n'en voulaient point d'autres et se plaisaient à contenir leur pensée dans des rhythmes précis ou compliqués. Ils se plaisaient beaucoup aussi aux belles allégories et ne craignaient pas de les étendre au-delà de ce que nous pourrions en goûter agréablement aujourd'hui. C'est ainsi que Charles d'Orléans nous parle de Bel-Accueil, de Dangier (danger), de Gracieux-Désir, de Doux-Espoir et autres personnages d'invention galante. Heureusement qu'il ne s'est pas seulement appliqué à rimer

1391 — CHARLES D'ORLÉANS — 1465

1636 — NICOLAS BOILEAU DESPRÉAUX — 1711

1780 — PIERRE-JEAN DE BÉRANGER — 1857

1610 — PAUL SCARRON — 1660

1694 — FRANÇOIS-MARIE AROUET VOLTAIRE — 1778

1810 — LOUIS-CHARLES-ALFRED DE MUSSET — 1857

subtilement des allégories de ce genre. Il a laissé des tableaux de nature d'une grâce adorable. Il en est un au moins qu'il faut citer :

RONDEAU

Le temps a laissé son manteau
De vent, de froidure et de pluie,
Et s'est vêtu de broderie
De soleil rayant, cler et beau.
Il n'y a bête ni oiseau
Qu'en son jargon ne chante et crie :
Le temps a laissé son manteau
De vent, de froidure et de pluie.

Rivière, fontaine et ruisseau
Portent en livrée jolie
Gouttes d'argent d'orfévrerie ;
Chacun s'habille de nouveau ;
Le temps a laissé son manteau
De vent, de froidure et de pluie.

Charles d'Orléans touchait à ses quarante ans quand naquit, de parents obscurs et pauvres, François Villon, qui devait donner à la vieille ballade française sa plus complète beauté, sa grâce et sa force parfaites. Sa vie, qui commence à être assez bien connue par suite des travaux de M. Longnon, n'est pas des plus édifiantes. Il confessa lui-même ses fautes dans ses vers. Mais il ne faut pas prendre tous ses aveux à la lettre. Il est constant, par exemple, qu'il fit de bonnes études et prit ses grades, bien qu'il s'accuse dans son testament d'avoir fait l'école buissonnière et négligé de s'instruire.

Ce qu'on ne peut nier, c'est qu'il eut de nombreux démêlés avec la justice. Il fut premièrement condamné à être fouetté, à la suite de quoi il fut condamné à mort, pour meurtre, à ce que l'on peut croire. Charles d'Orléans, à qui il envoya des vers sur la naissance de sa fille Marie, le sauva de la potence. Le parlement, à la sollicitation du duc, commua la peine de mort en celle du bannissement, et Villon se mit en route pour Angers. Mais, en chemin, il lui arriva derechef une fâcheuse affaire. L'évêque d'Orléans le fit mettre en prison et l'y garda au pain et à l'eau. Pourquoi ?... Pour quelque folle plaisance, dit Villon, et nous n'en savons pas davantage.

En sortant des cachots de l'évêque, Villon composa le *Grand testament*, son chef-d'œuvre. M. Longnon nous apprend que, non pas seulement une fois, mais bien deux fois, François Villon fut condamné à mort et gracié. Il était violent et vivait parmi des hommes violents. Il est croyable que les affaires qui lui attiraient de telles mésaventures étaient ce qu'on appela des affaires d'honneur plus tard, quand le duel entra dans les mœurs. En tous cas, si la vie de François Villon n'est pas louable, son œuvre l'est grandement. Villon a le style large, fort, une richesse d'expression, un art de peindre, un don de sentir et d'exprimer vraiment merveilleux. En sa poésie, rien de convenu ; plus de fades allégories; mais une vérité sobre, énergique, une manière ample et savoureuse. Villon est déjà poète dans la manière de Régnier et de La Fontaine. « Il faut aller jusqu'à Rabelais, a dit M. A. de Montaiglon, pour trouver un maître qu'on puisse lui comparer et qui écrive le français avec la science et l'instinct, avec la pureté et la fantaisie, avec la grâce délicate et la rudesse souveraine que l'on admire dans Villon et qu'il a seul parmi les gens de son temps. »

S'il faut en croire Rabelais, Villon connut, avant sa mort, qui arriva de 1480 à 1489, la tranquillité et le repos : il se retira, paraît-il, à Saint-Maixent en Poitou, « sous la faveur d'un homme de bien, abbé dudit lieu, » et il y passa ses dernières années, composant encore des vers et s'amusant à faire jouer des comédies « pour donner passe-temps au peuple ».

Villon n'a chanté qu'une chose : sa vie si misérable, ou plutôt la vie des misérables et c'est un grand poète. C'est que dans les hasards et même dans les hontes de son existence il a su conserver des sentiments élevés, le regret de ses erreurs, le remords de ses fautes, le respect de sa mère, l'amour de son pays. C'est que, formé à l'école du malheur, mis aux prises avec la vie, il l'a peinte telle qu'elle est; il a dégagé la poésie des allégories où elle se perdait avant lui, du bel esprit qui la gâtait : il l'a rendue plus précise et plus simple. Il est réaliste. Mais ce qui est son trait dominant, ce qui nous fait surtout goûter ses vers, c'est un mélange charmant de gravité et de bouffonnerie, d'émotion et de raillerie, de folle gaieté et de tristesse. Nul n'a mieux peint que lui le temps qui s'envole, la jeunesse qui fuit, les beautés illustres qui passent comme les *neiges d'antan*, et aussi les étreintes terribles de la mort qui courbe le nez, tend les veines, enfle le col, mollit la chair, et mêle enfin dans ses charniers les os des portefaix et ceux des maîtres des requêtes. Et tout à coup, au milieu de ces réflexions sur le néant des êtres et des choses, arrive une saillie burlesque qui en augmente l'effet.

« Tout cela d'ailleurs est si naturel, si net, si franc, si spirituel ! C'est bien mieux que l'esprit bourgeois, toujours un peu mesquin, c'est l'esprit populaire que cet enfant des halles, qui écrivait : *Il n'est bon bec que de Paris*, a recueilli dans les rues et qu'il épure en l'aiguisant... Villon a tout : la vigueur et le charme, la clarté et l'éclat, la brièveté incisive du trait et la plénitude du sens, la souplesse capricieuse et la fougue violente, la qualité contemporaine et l'éternelle humanité[1] ! »

Après Villon, pour trouver un poète parisien, il faut sauter plus d'un siècle, et, après le basochien espiègle et tapageur, il faut placer le grave, le lourd, le consciencieux Chapelain[2].

1. A. de Montaiglon.
2. Jean Chapelain, né à Paris le 4 décembre 1595, mort dans la même ville le 22 février 1674.

On a dit que Chapelain, fils d'un notaire, eût été incomparable dans la profession paternelle. Exact, minutieux, méthodique jusqu'à la manie, son génie le portait aux inventaires et aux états de lieu. Il s'avisa, un jour, de faire une ode en l'honneur du cardinal de Richelieu. L'ode fut trouvée bonne et le cardinal fit assurer à son auteur une pension de trois mille livres. Par malheur, celui-ci ne voulut pas s'en tenir là, et, pour se montrer digne de cette faveur singulière, il entreprit une immense épopée.

On ne se risque plus guère à parcourir les vingt chants publiés et les quatre chants inédits de la *Pucelle*[1]. Ceux qui les ont lus se demandent par quel miracle de patience Chapelain est parvenu à ajouter bout à bout tant de prosaïques descriptions. Ils se demandent surtout par suite de quelle erreur singulière il fut admiré et presque vénéré par ses contemporains. Il fut en quelque sorte le poète officiel de son temps. Ce fut lui qui présida à la rédaction des statuts de l'Académie française, lui qui tint la plume dans le jugement de cette compagnie sur le *Cid*, lui à qui Colbert confia le soin de distribuer parmi les écrivains et les savants les libéralités royales. Il faillit même être choisi comme précepteur du dauphin. Soutenu par la puissante coterie qui tenait ses séances dans le salon de mademoiselle de Scudéry, protégé par les grands seigneurs comme le duc de Longueville qui doubla sa pension pour le consoler d'une épigramme, comme le duc de Montausier qui voulut bâtonner La Mesnardière pour lui apprendre à respecter son favori, le « mieux renté de tous les beaux esprits » fut le roi des salons et l'oracle de la littérature. Si Boileau n'avait pas paru, il aurait certainement conservé jusqu'à sa mort son autorité et son prestige.

1. *La Pucelle* avait vingt-quatre chants. Chapelain en publia douze en 1656. Huit autres ont été publiés en 1657, et quatre sont restés inédits.

Mais avant d'arriver à Boileau, voici Guillaume Colletet [1], l'aîné de vingt-quatre enfants, qui rima et s'acquit par cela même la faveur du cardinal de Richelieu. Il sut lui résister. Ayant lu au puissant ministre la description d'un carré d'eau qui se terminait par ce vers :

On voit...
La cane s'humecter de la bourbe de l'eau.

Richelieu trouva *humecter* trop faible.

— Il vaudrait mieux, dit-il, écrire :

La cane barboter dans la bourbe de l'eau.

Colletet s'excusa de n'en rien faire. Il trouvait barboter trop bas.

Mais, non content de ce qu'il en avait dit, étant de retour à son logis, il écrivit, à ce sujet, au cardinal une lettre dans laquelle il s'exprima avec encore plus de liberté qu'il n'avait fait de vive voix. Le cardinal achevait de la lire lorsqu'il survint quelques-uns de ses courtisans qui lui firent compliment sur quelques avantages politiques ou militaires qu'il venait de remporter, et ajoutèrent que rien ne pouvait résister à Son Éminence.

— Vous vous trompez, leur répondit-il en riant; je trouve dans Paris même une personne qui me résiste.

Et comme on lui demandait le nom de cet audacieux.

— Colletet, dit-il; il ne veut point se rendre.

C'était néanmoins un poète médiocre. Qu'il fît ses vers pour son compte ou pour le compte de Claudine, sa femme, il pensait pauvrement et rimait platement. Cette Claudine, qu'il aimait et dont il fai-

1. Né à Paris le 12 mars 1598, membre de l'Académie française dès sa fondation en 1634, mort le 11 février 1659. Il avait écrit une volumineuse histoire des poètes français qui resta inédite et dont le manuscrit, conservé à la bibliothèque du Louvre, a été brûlé pendant la commune de 1871.

sait les vers, était jeune quand il était vieux. Il mourut, lui laissant une élégie signée Claudine, dans laquelle elle déclarait vouloir déposer sa plume sur la tombe de son mari. L'attention était délicate ; mais personne ne fut trompé, et La Fontaine fit sur Claudine une épigramme qui la perdit.

Dans le même temps vivait à Paris un poète vraiment parfait d'esprit, Scarron[1], esprit joyeux et moqueur dans un corps perclus et défiguré. Après une jeunesse assez dissipée, il contracta, à la suite d'une mascarade de carnaval, une infirmité qui le priva de l'usage de ses jambes et fit de lui une espèce de cul-de-jatte, « un raccourci de toutes les misères humaines », comme il le disait lui-même. Cloué sur son fauteuil, torturé par d'incessantes douleurs, et, par-dessus tout, se sentant presque risible, il se condamna à beaucoup rire, pour ne pas se laisser le temps de pleurer. Il railla tout, il défigura le monde à son image, il inventa le burlesque.

L'*Enéide travestie* est restée le chef d'œuvre du genre. Cela n'a point de rapport avec les bouffonneries triviales des Italiens. Cela n'est pas non plus la parodie. L'auteur conserve aux héros qu'il ridiculise leur rang et leur condition, tout en leur prêtant le langage et les manières les plus vulgaires. Il en résulte des contrastes amusants, des situations drôles, des traits piquants. C'est absurde, c'est fou, mais cela fait rire. Par exemple, on s'en lasse vite, et la plus grande faute de goût qu'ait commise Scarron, c'est d'en avoir écrit si long. Mais on n'est pas tenu de lire l'*Enéide travestie* ou le *Typhon*, sans s'interrompre : et, malgré tout, on prend plaisir à entendre cette note joyeuse, ce rire de gamin de Paris résonner dans la froide solennité du XVIIe siècle.

Scarron mourut en 1660. On lui attribue cette touchante épitaphe :

1. Paul Scarron, né à Paris en 1610, mort dans la même ville en octobre 1660.

Celui qu'ici maintenant dort,
Fit plus de pitié que d'envie,
Et souffrit mille fois la mort
Avant que de perdre la vie.
Passant, ne fais ici de bruit,
Et garde bien qu'il ne s'éveille !
Car voici la première nuit
Que le pauvre Scarron sommeille.

On le laissa dormir et surtout on se garda bien de l'éveiller, vingt-quatre ans après, quand, dans la nuit du 12 juin 1684, sa veuve, devenue madame de Maintenon, fut unie par un mariage secret avec le roi de France.

Nicolas Boileau, connu de son temps sous le nom de Despréaux, naquit à Paris le 1er novembre 1636, rue de Jérusalem, non loin de la Sainte Chapelle, en face de la maison qui fut le berceau de Voltaire. Il perdit sa mère à deux ans : cadet d'une nombreuse famille, il fut élevé par une vieille gouvernante qui le relégua plus d'une fois au grenier, dans une guérite. « Rien de tendre, rien de maternel, dit Sainte-Beuve, autour de cette enfance informe et stérile ; rien pour elle de bien inspirant ni de bien sympathique dans toutes ces conversations de chicane auprès du fauteuil du vieux greffier, rien qui touche, rien qui enlève, et fasse qu'on s'écrie avec Ducis : « Oh ! que toutes ces maisons bourgeoises rient à mon cœur. » Sans doute à une époque d'analyse et de retour sur soi-même, une âme d'enfant rêveur eût tiré parti de cette gêne et de ce refoulement ; mais il n'y fallait pas songer alors, et d'ailleurs l'âme de Boileau n'y eût jamais été propre. Il y avait bien, il est vrai, la ressource de la moquerie et du grotesque, déjà Villon et Régnier avaient fait jaillir une abondante poésie de ces mœurs bourgeoises, de cette vie de cité et de basoche : mais Boileau avait une retenue dans sa moquerie, une sobriété dans son sourire qui lui interdisait les

1636 — NICOLAS BOILEAU DESPRÉAUX — 1711

débauches d'esprit de ses devanciers. Et puis, les mœurs avaient perdu en saillie, depuis que la régularité d'Henri IV avait passé par dessus : Louis XIV allait imposer le décorum. Quant à l'effet religieux des monuments d'alentour sur une jeune vie commencée entre Notre-Dame et la Sainte-Chapelle, comment y penser en ce temps-là ? Le sens du moyen âge était complètement perdu : l'âme seule d'un Milton pouvait en retrouver quelque chose, et Boileau ne voyait guère d'une cathédrale que de gros chanoines et un lutrin. Aussi que sort-il tout à coup et pour premier essai de cette verve de vingt-quatre ans, de cette existence de poète si longtemps misérable et comprimée ? Ce sont des satires à la mode de Juvénal. »

Dans ces satires le jeune poète combat les beaux esprits à la mode, le faux goût importé d'Espagne et d'Italie. Même après Malherbe et Corneille, la langue poétique était encore indécise et factice : les beautés du Cid n'avaient point fait prendre en dégoût les platitudes de Scudéry ; on égalait le père Lemoine à Virgile ; dans la poésie légère régnaient la subtilité précieuse, l'afféterie et le clinquant ; dans la tragédie et l'épopée les métaphores pompeuses, la déclamation et l'obscurité. Boileau eut le courage de battre en brèche tous ces travers, d'attaquer à la fois toutes les coteries littéraires, dont Chapelain était le grand pontife, et de déblayer le terrain pour les hommes de génie dont l'heure était venue. Il n'épargna rien : il ridiculisa les genres, les œuvres, les personnes, et il ne cessa de batailler que quand il eut terrassé ses adversaires et transformé le goût public.

Une fois maître de la place il entend y donner des lois : alors paraît l'*Art Poétique* (1674) où il formule en arrêts souverains la doctrine littéraire qu'il vient de faire prévaloir. Il publie la même année le *Lutrin*, « ingénieuse et élégante plaisanterie, chef-d'œuvre de versification, digne d'un moins mince sujet ». Puis les neuf premières épîtres où son humeur est moins belliqueuse et sa raillerie plus enjouée.

Nommé historiographe du roi avec Racine, Boileau abandonne la poésie pour enregistrer et livrer à la postérité la promenade militaire de Louis XIV et les victoires de ses armées; pendant seize ans, il ne publie que les deux derniers chants du Lutrin et ne rentre qu'en 1693 dans la carrière poétique. Il eût mieux valu qu'il n'y fût pas rentré; son haleine commence à devenir courte. Ne parlons pas de l'*Ode à Namur*, faible et malheureuse tentative lyrique, de ses trois froides *Satires* contre les femmes, sur l'Honneur, contre l'Équivoque, ni de ses trois dernières *Épîtres* où l'on ne retrouve ni son inspiration ni son style d'autrefois. Comme Corneille, dont il s'était pourtant durement moqué, il eut le tort de ne pas savoir finir à propos. Ses dernières années furent tristes. Presque seul après la mort de Racine, souffrant de douloureuses infirmités, assombri par une sorte de disgrâce de cour et par le deuil des désastres publics, il vit venir la mort sans regrets. Il s'éteignit dans sa maison d'Auteuil le 13 mars 1711, à l'âge de soixante-quinze ans.

Boileau, dont on dit beaucoup de mal en ce temps-ci, restera malgré tout un homme supérieur par l'ensemble et l'harmonie des facultés moyennes. On a eu tort autrefois de le mettre sur le même rang que Molière, Lafontaine ou même Racine; il ne s'est jamais élevé si haut. Mais s'il n'a pas l'éclat du génie, il nous plaît par la solidité et la justesse de son esprit, par ce bon sens ingénieux et moqueur du bourgeois de Paris qu'il sut garder jusque dans les galeries de Versailles.

Critique encore plus que poète, il jugea admirablement son temps. « La raison d'un contemporain fut aussi infaillible que la raison des siècles... Boileau a dit avant nous de Molière, qu'il est le plus grand poète du siècle de Louis XIV; de Pascal, qu'il en est le prosateur le plus achevé; d'*Athalie*, que c'est le chef-d'œuvre de Racine. Il parlait ainsi de Molière alors qu'on imprimait des recueils de poésies, où Molière figurait à côté des Gomberville, des Urfé, des Benserade, des Scudéry, au même titre d'*auteur célèbre du temps;* de Pascal, malgré la défaveur du Jansénisme, qui rendait suspectes les *Lettres provinciales*; d'*Athalie*, malgré le doute de Racine, qui fut près de se faire un tort de la froideur du public pour ce chef-d'œuvre [1]. »

Ajoutons enfin que Boileau était digne, par la noblesse de son caractère et la dignité de sa vie aussi bien que par les qualités de son esprit, d'être le *législateur du Parnasse.* Les traits ne manquent pas qui attestent sa générosité ou son courage : il suffit de rappeler Patru, accablé de dettes, auquel il achetait sa bibliothèque, en lui en laissant la possession pendant toute sa vie, Corneille vieux et pauvre, auquel il allait porter sa pension, son silence sur la révocation de l'édit de Nantes, son invincible fidélité à Port-Royal persécuté et l'admirable épitaphe d'Arnauld mort en exil.

On ne peut parler de Boileau sans prononcer le nom de son ennemi, Charles Perrault [2], esprit original et audacieux, plus célèbre par ses admirables contes en prose que par ses vers, mais dont le poème, le *Siècle de Louis le Grand*, commença la *querelle des Anciens et des Modernes* et jeta pour longtemps la discorde dans le monde littéraire.

Nommons en passant madame Des Houlières [3], poète gracieux dont

1. Nisard, *Histoire de la littérature française.*
2. Né à Paris le 12 janvier 1628, mort dans la même ville le 16 mai 1703.
3. Antoinette Du Ligier de la Garde, dame des Houlières, née à Paris vers 1633, morte le 17 février 1694. Elle était passionnée pour Corneille.

une idylle [1] a survécu, et Jean-Baptiste Rousseau [2], disciple brillant mais inégal des maîtres du XVIIe siècle, « habile artisan de strophes lyriques, » versificateur harmonieux, qui composa alternativement et même simultanément des *épigrammes* licencieuses et des *poésies sacrées* et « ne dut son surnom de grand qu'à l'esprit de parti qui le lui décernait pour amoindrir l'autre Rousseau et pour irriter Voltaire. »

MADAME DESHOULIÈRES

Voltaire appartient à tous les genres, il est poète, prosateur, auteur tragique, historien et philosophe. Bien des fois encore nous retrouverons son nom : mais, puisque nous le rencontrons pour la première fois, nous allons retracer les principaux événements de sa vie, quoiqu'il soit bien difficile, en vé-

1. Cette idylle, restée célèbre et qui est dans toutes les anthologies poétiques, commence par ces vers :

> Dans ces prés fleuris
> Qu'arrose la Seine,
> Cherchez qui vous mène,
> Mes chères brebis.

2. Jean-Baptiste Rousseau, né à Paris le 6 avril 1671, mort à Bruxelles le 17 mars 1741.

rité, de résumer en quelques pages une existence dont l'histoire est celle d'un siècle [1].

Né à Paris le 20 février 1694, fils d'un ancien notaire, trésorier de la Chambre des comptes, François-Marie Arouet fut, dans son enfance, si chétif qu'il semblait toujours prêt à rendre l'âme ; il resta d'ailleurs toute sa vie frêle et maladif, ce qui ne l'empêcha pas d'aller au delà de quatre-vingt-quatre ans. Il entra de bonne heure au collège Louis-le-Grand chez les jésuites qui n'eurent heureusement aucune influence sur le développement de son intelligence ; il les éblouit et les scandalisa « par les audaces d'un esprit merveilleux ». A peine sorti du collège, il courut vers le monde. Accueilli avec faveur par la société brillante et peu austère des Vendôme, des La Fare, des Chaulieu, qu'il séduisait par la verve de son esprit et le feu de sa jeunesse, il fit tout de suite parler de lui. Trop peut-être.

Le 5 mai 1716, il fut exilé à Tulle; le 17 mai de l'année suivante, il fut enfermé à la Bastille pour des vers satiriques sur le gouvernement, que d'ailleurs il n'avait pas faits. Il en sortit avec un essai de poème épique qui devait devenir la *Henriade*, une tragédie déjà avancée dont le sujet était *Œdipe* et cent louis que le régent lui donna pour compenser une captivité imméritée. « Je remercie Votre Altesse, dit-il, de vouloir se charger encore de ma nourriture ; mais je la prie à l'avenir de ne plus se charger de mon logement. » C'est à ce moment qu'il emprunta à un petit domaine de sa mère le nom de Voltaire, nom sonore et vibrant destiné à être répété par les mille voix de la foule et à servir de cri de ralliement.

En 1718, *Œdipe* était représenté avec un succès éclatant. Le père de Voltaire, qui jusque-là avait combattu la vocation littéraire de son

1. Signalons, parmi les livres les plus récents et les plus remarquables consacrés à ce grand homme, la *Vie de Voltaire*, par Georges Renard (Paris, Charavay frères, 1883, in-8.)

fils, fut désarmé et finit par consentir à sa gloire. La *Henriade* s'achevait : un second emprisonnement à la Bastille vint en retarder la publication. Un soir le chevalier de Rohan-Chabot, étant à dîner chez le duc de Sully avec Voltaire, trouva mauvais que le jeune poète ne fût pas de son avis : « Quel est cet homme qui parle si haut? demanda-t-il. — Monsieur le chevalier, repartit Voltaire, c'est un homme qui ne traîne pas un grand nom, mais qui fait honorer celui qu'il porte. » Le chevalier se leva et sortit. Mais quelques jours après, il l'attira dans un guet-apens et le fit bâtonner par ses laquais. Indigné de ces procédés de gentilhomme, Voltaire se renferma quelque temps chez lui, apprit l'escrime et quand il sut tenir une épée, il alla trouver le chevalier de Rohan dans la loge de mademoiselle Lecouvreur, la grande tragédienne : « Monsieur, lui dit-il, si quelque affaire d'usure ne vous a pas fait oublier l'outrage dont j'ai à me plaindre, j'espère que vous m'en ferez raison. » Le chevalier accepta le défi pour le lendemain, fixa le rendez-vous à la porte Saint-Antoine... et dans la nuit Voltaire était arrêté : quelques jours après, on l'enfermait à la Bastille.

On voit dans quels termes était Voltaire avec la police; nous avons conservé à la Bibliothèque nationale une note de cette administration sur lui : « Arouet de Voltaire est grand, sec, et a l'air d'un satyre. C'est un aigle pour l'esprit, et un fort mauvais sujet pour les sentiments. » On se défiait si fort de ce mauvais sujet que, quand il sortit de prison, on le conduisit sous bonne garde à Calais et on le déporta en Angleterre.

Les années qu'il passa à Londres ne furent pas perdues pour lui; il en emporta une connaissance approfondie de la langue anglaise, de grandes idées scientifiques qu'il devait aux livres de Bacon, de Locke, de Newton, de grandes idées théâtrales qu'il devait à Shakespeare, des habitudes de scepticisme et de liberté d'esprit qu'il avait prises à l'école des libres-penseurs anglais tels que Bolingbroke et Wollaston.

Il en emporta surtout un grand exemple : celui d'une société libre, où les savants et les gens de lettres, au lieu de faire antichambre chez les grands, parlaient au peuple, occupaient souvent les plus hauts postes, étaient respectés comme des puissants.

Rappelé en France par un jeune ministre, Maurepas [1], il publia successivement sa tragédie républicaine de *Brutus*, son *Histoire de Charles XII*, *Zaïre*, *Alzire*, *La mort de César*, *La philosophie de Newton*. A la mort de la tragédienne Adrienne Lecouvreur [2], le curé de sa paroisse refusa de l'ensevelir : Voltaire indigné fit une pièce de vers, où il comparait la liberté qu'il avait eue à Londres et l'asservissement qu'il retrouvait en France, et où il s'écriait :

Quoi ! n'est-ce donc qu'en Angleterre
Que les mortels osent penser ?

La Cour et la Sorbonne s'émurent d'une telle déclaration de principes et l'auteur fut obligé d'aller se cacher en Normandie. Enfin, quelque temps après, la publication de ses *Lettres philosophiques* souleva contre lui un tel orage, qu'il jugea prudent de se réfugier à Cirey, en Lorraine, près de son amie, la marquise du Chastellet [3].

Il y vécut quinze ans, dans la société de cette femme distinguée et aimable qui le conseillait, le dirigeait un peu et l'empêchait de commettre trop d'imprudences. « Il faut, écrivait-elle, le sauver de lui-même à chaque instant, et j'emploie plus de politique pour le conduire, que le Vatican n'en emploie pour retenir la chrétienté dans ses fers. » Ce fut dans cette retraite qu'il écrivit ses tragédies de *Mahomet*, de *Mérope*, de *Sémiramis*, d'*Oreste*, de *Rome sauvée*.

1. Jean-Frédéric Phelypeaux, comte de Maurepas, né à Versailles le 9 juillet 1701, avait reçu le ministère de la marine en 1723. Il mourut le 21 novembre 1781.

2. Adrienne Lecouvreur fut la plus grande tragédienne du XVIIIe siècle. Née à Damery-sur-Marne (Marne) le 5 avril 1692, elle mourut à Paris le 20 mars 1730.

3. Gabrielle-Émilie Le Tonnelier de Breteuil, marquise du Chastellet, née à Paris le 17 décembre 1706, morte à Lunéville le 10 août 1749.

Dans le même temps, le roi de Prusse Frédéric II [1], avec lequel il était déjà en correspondance et en commerce de coquetteries, le sollicitait de venir le joindre à Berlin; il lui offrait une pension de chambellan avec la grand'croix de l'Ordre du Mérite et une pension de 2000 livres; Voltaire finit par accepter. On le logea au rez-de-chaussée, au-dessous même du roi : il n'avait d'autre charge que de corriger les vers français que Frédéric s'amusait à composer. Ils se lisaient leurs ouvrages; le roi travaillait aux *Mémoires de Brandebourg*, Voltaire au *Siècle de Louis XIV*. Ils soupaient ensemble; leurs repas étaient de véritables tournois d'esprit. Les domestiques ne paraissaient pas : à un signal convenu, le plancher s'ouvrait pour donner passage aux objets nécessaires. Les frères et sœurs du roi jouaient des tragédies du poète. Mais cette belle amitié ne dura pas. Les amours-propres s'aigrirent; Frédéric se montra despote et tracassier : Voltaire se lassa de « blanchir le linge sale de sa Majesté ». Enfin après trois ans de querelles, de ruptures et de réconciliations, Voltaire éprouva le besoin d'aller prendre les eaux à Plombières, c'est-à-dire de briser une chaîne qui lui pesait.

Ce départ ressemble fort à une évasion. On connait l'avanie de Francfort, où la politesse prussienne le fit arrêter, rançonner, fouiller, emprisonner et garder à vue sous prétexte qu'il avait enlevé « l'œuvre de *poeshie* du roi ». Pendant ce temps madame Denis, sa nièce, était reléguée dans un gatelas où « elle n'avait que des soldats pour femmes de chambre, et leurs baïonnettes pour rideaux ». L'œuvre de *poeshie* avait été retrouvée. On n'en retint pas moins Voltaire pendant plus d'un mois. Un ordre du roi de Prusse vint enfin le délivrer. « Cet homme-là, disait Voltaire de Frédéric, c'est César et l'abbé Cotin. »

Ce fut à son retour que Voltaire s'établit aux Délices, campagne

1. Frédéric II, né à Berlin le 24 janvier 1712, était roi de Prusse depuis le 31 mai 1740. Il mourut à Potsdam le 17 août 1786.

près de Genève, et ensuite à Ferney, dans le pays de Gex, sur les frontières de la France, qu'il ne quitta que pour venir mourir à Paris.

Sa royauté commence alors. Libre dans un pays libre, n'ayant plus besoin de flatter les souverains pour s'assurer une tolérance précaire, il exerce sur l'Europe entière cette dictature du génie qui est la seule respectable.

C'est sur Paris surtout qu'il a les yeux, Paris qui est la capitale de l'esprit, Paris où il trouverait un peuple capable de le comprendre. Mais la cour, l'église, qui sentent tout ce qu'il y a de menaçant pour elles dans les doctrines dont il est l'éloquent propagateur, l'en tiennent toujours éloigné ; il s'en console en se faisant informer par ses nombreux correspondants de tout ce qui se passe à l'Académie, au théâtre, dans les cercles, dans les salons, dans les tribunaux, à la ville, à la cour et à la Sorbonne. Il intervient dans toutes les questions importantes ; partout et toujours il est le champion de la tolérance et de la liberté. Nous reviendrons sur ces héroïques combats qu'il livra à la superstition et au fanatisme.

En même temps, il continuait à écrire avec une dévorante activité : il publiait en vers ses satires : *Le pauvre Diable*, *le Russe à Paris*, *la Vanité*, etc., les épîtres sur *Horace et Boileau*, *Tancrède*, *les Scythes*, *les Guèbres*, *les Pélopides*, la comédie de *l'Écossaise*, en prose, outre ses admirables *Factum*, son *Commentaire sur Corneille* qu'il écrivit pour doter la nièce du grand poète, son *Essai sur les mœurs et l'esprit des nations*, l'*Histoire de Pierre le Grand*, celle du *Parlement de Paris*, *la Philosophie de l'histoire*, *le Dictionnaire philosophique*, etc.

Poésie sérieuse, sciences, histoire, métaphysique, pamphlet, il entreprend tout, exécute tout, réussit tout. En même temps, « une correspondance infatigable, universelle, pleine de verve, de bon sens et d'esprit, sème la pensée du chef dans toute l'armée philosophique. Ce sont les ordres du jour qui portent partout le courage et la lumière, c'est le brillant commentaire qui traduit, dans un langage propre à chacun, l'idée commune à tous..... Il n'est pas une voix de la renommée qu'il ne contraigne à répéter son nom, pas un coin du domaine de l'opinion qu'il ne veuille renouveler par ses principes, pas une faculté de l'intelligence humaine à qui il ne prétende donner un aliment [1]. » Il s'empare de la société toute entière : il est une puissance avec laquelle il faut compter.

COURONNEMENT DU BUSTE DE VOLTAIRE

Catherine de Russie, Christian VII de Danemark, Gustave III de Suède, et l'empereur Joseph II croient se rendre populaires en lui faisant la cour; mais c'est en France, à Paris surtout que toutes les voix répètent son nom. Les gens de lettres lui élèvent une statue de son vivant ; l'enthousiasme devient tel que le roi ne peut plus continuer à lui fermer Paris.

1. J. Demogeot, *Histoire de la littérature française.*

Aussitôt la permission accordée « le grand Voltaire » accourut dans « sa ville ». Son retour fut un vrai triomphe. Dans les rues, une foule immense suivait sa voiture; de tous côtés, sur son passage, il entendait des acclamations enthousiastes. On trouve partout le récit de l'apothéose qui lui fut décernée de son vivant sur la scène même qu'il avait tant illustrée. Il assista, au Théâtre-Français, à la représentation de sa tragédie d'*Irène*. « Jamais pièce, dit Grimm, ne fut plus mal jouée, plus applaudie et moins écoutée. » La salle tout entière ne pouvait se rassasier de regarder Voltaire. A la fin de la pièce il vit son buste couronné sur la scène au milieu d'applaudissements frénétiques. Il criait à la foule : « Vous voulez donc me faire mourir de plaisir. »

Un vieillard en effet ne pouvait pas subir impunément de pareilles émotions. « On ne transporte pas un chêne de quatre-vingts ans, lui avait dit son médecin. » Mais il n'avait pu résister au désir de revoir Paris : il n'eut pas le courage de le quitter et il en mourut. Déjà une hémorragie violente l'avait mis en danger : ces continuelles surexcitations, cet enivrement de gloire, achevèrent de le briser. Il expira le 30 mai 1778.

L'archevêque de Paris défendit de l'ensevelir en terre sainte. L'abbé Mignot, son neveu, fit enlever le corps dans la nuit, le transporta en chaise de poste à son abbaye de Scellières dans le diocèse de Troyes. Il y achevait la cérémonie lorsque l'évêque de Troyes envoya une défense de procéder à l'enterrement. La chapelle fut mise en interdit et le prieur destitué.

Il ne manquait à la gloire de Voltaire que cette persécution après sa mort.

Si les poésies de cet homme universel ne sont pas son principal titre à notre admiration et à notre reconnaissance, elles eurent néanmoins dans son siècle un grand retentissement.

Son poème épique, la *Henriade*, qui racontait la conquête de Paris par Henri IV, eut un succès brillant mais un peu éphémère. Voltaire attachait à ces dix chants l'espérance de sa gloire. « C'est pour être immortel, disait-il, que j'ai fait la *Henriade.* » Voltaire sera immortel, mais ce n'est pas la *Henriade* qui y aura le plus contribué. Malgré tout son talent, il ne pouvait faire l'impossible : il ne peut y avoir d'épopée que dans les époques primitives où l'on chante l'histoire parce qu'on ne peut pas l'écrire, où les faits à peine connus flottent dans un vague poétique, où les esprits encore naïfs acceptent la fiction et croient au merveilleux. Voltaire écrit pour une société plutôt sceptique que crédule ; il lui raconte un fait historique, connu dans ses moindres détails. Quel effet peuvent produire au milieu de ces événements qui ne datent pas de deux siècles, le palais des destins, les anges, l'ombre de saint Louis, et toutes les autres figures allégoriques ou divines que le poète mêle sans beaucoup de conviction? Lui-même se sent mal à l'aise dans ces descriptions et dans ces récits : il les resserre, les abrège. On voit comme ce cérémonial épique l'impatiente et le gêne.

Ce qu'il y a de véritablement beau, de véritablement original dans cette épopée, c'est ce qui n'est pas épique : ce sont les passages où Voltaire rencontre sur sa route une idée morale ou politique, dessine un caractère, explique le mécanisme d'une constitution, expose un dogme religieux ou philosophique. Aussitôt l'intérêt ardent qu'il attache à ces choses, l'émotion vraie qu'il ressent animent son style, donnent aux vers une chaleur toute nouvelle [1] et sous le poète égaré dans un genre faux, on voit paraître le philosophe de la liberté, l'apôtre de la tolérance. Voilà par quel côté la *Henriade* méritait l'admiration de ses contemporains : voilà ce qui fait qu'aujourd'hui encore on la lit.

1. Voir J. Demogeot.

Cette poésie philosophique et morale était soudée trop faiblement dans la *Henriade* à la fiction épique pour ne pas s'en détacher : Voltaire en fit bientôt un genre spécial, où il excella. Il faut citer ses *Discours sur l'homme*, inspirés par Pope, sa *Loi naturelle*, mais j'aime mieux ses *Satires* et ses *Épîtres*. Là il ne prêche pas, là il est simple, là il est naturel : là il paraît tel qu'il est, avec son goût charmant et cet admirable bon sens qui est comme le bon sens de la France. Il est encore plus à son aise peut-être et par suite encore mieux inspiré dans les pièces légères ; c'est là que vous trouverez son véritable génie poétique : « Facilité, pétulance, esprit jaillissant et intarissable, art de plaire, louanges qui demandent du retour, art d'occuper les autres de soi sans les en fatiguer, et d'intéresser leur vanité à sa gloire ; toutes les grâces du langage, poli dans la patrie de la société, comme Voltaire appelle Paris : c'est la France elle-même en coquetterie avec toutes les nations civilisées[1]. »

C'est le genre le plus charmant peut-être de tous les genres et Voltaire n'y sera jamais égalé.

Après Voltaire, on ose à peine citer Lemierre[2], qui manqua moins de talent que de goût, et qui, au milieu de beaucoup de faiblesses, frappa vigoureusement quelques beaux vers qu'on a retenus[3] ; Dorat[4], esprit faible et frondeur, qui eut quelquefois de l'élégance et de la

1. Nisard, *Histoire de la littérature française*.

2. Antoine-Marin Lemierre, né à Paris le 12 janvier 1723, mort à Saint-Germain en Laye le 4 juillet 1793. On lui doit les tragédies d'*Hypermnestre*, de *Guillaume Tell* et de la *Veuve du Malabar*, et deux poèmes didactiques, la *Peinture* et les *Fastes et les usages de l'année*. Il devint membre de l'Académie française en 1780.

3. Un de ses vers les plus célèbres est celui-ci, qu'on trouve dans une pièce intitulée le *Commerce* et couronnée par l'Académie française :

Le trident de Neptune est le sceptre du monde.

4. Claude-Joseph Dorat, né à Paris le 31 décembre 1734, mort dans la même ville le 29 avril 1780. On lui doit deux poèmes : la *Déclamation* et le *Mois de mai*, et une tragédie intitulée *Régulus*.

grâce; Collé [1], chansonnier joyeux, qui excella à couper le vers et à ramener ingénieusement le refrain.

Lebrun [2], celui qui s'appela ou qu'on appela Lebrun-Pindare, eut une vie peu honorable, mais très longue, ce qui ne compense pas. Né en 1729 il ne mourut qu'en 1807. Il eut le temps de vanter la monarchie, de célébrer l'héroïsme républicain et d'exalter les victoires de l'empire. Complètement dépourvu de convictions et de dignité, il sut parfois mettre dans ses odes une élévation qui n'était ni dans son caractère ni dans son cœur. « Il avait, dit Sainte-Beuve, de certaines idées qui pouvaient être vagues ou exagérées, mais qui n'étaient ni petites ni basses. » C'est par ce seul côté qu'il subsiste.

Son ode sur le vaisseau le *Vengeur* mérite d'être citée ici.

Trahi par le sort infidèle,
Tel qu'un lion pressé de nombreux léopards,
Seul au milieu de tous, sa colère étincelle;
Il le combat de toutes parts.
L'airain lui déclare la guerre;
Le fer, l'onde, la flamme entourent ses héros.
Sans doute ils triomphaient; mais leur dernier tonnerre
Vient de s'éteindre sous les flots!...
Captifs!... la vie est un outrage,
Ils préfèrent le gouffre à ce bienfait honteux.
L'Anglais en frémissant admire leur courage,
Albion pâlit devant eux.
Plus fiers d'une mort infaillible,
Sans peur, sans désespoir, calmes dans leurs combats,
De ces républicains l'âme n'est plus sensible
Qu'à l'ivresse d'un beau trépas.

1. Charles Collé, né à Paris en 1709, mort le 3 novembre 1783. Il était cousin du célèbre poète comique Regnard. Son œuvre la plus connue est la *Partie de chasse de Henri IV*.
2. Ponce-Denis-Écouchard Lebrun, né à Paris le 11 avril 1729, mort dans la même ville le 2 septembre 1807.

Près de se voir réduire en poudre,
Ils défendent leurs bords embrasés et sanglants.
Voyez-les défier et la vague et la foudre,
Sous des mâts rompus et brûlants!
Voyez ce drapeau tricolore
Qu'élève en périssant leur courage indompté;
Sous le flot qui les couvre entendez-vous encore
Le cri... « Vive la liberté! »
Ce cri..., c'est en vain qu'il expire;
Étouffé par la mort et par les flots jaloux;
Sans cesse, il revivra répété par la lyre,
Siècles, il planera sur vous.
Et vous, héros de Salamine,
Dont Tirys vante encor les exploits glorieux,
Non, vous n'égalez point cette auguste ruine,
Ce naufrage victorieux.

Gabriel Legouvé [1] est un des poètes les plus distingués de l'époque de la Révolution et de l'Empire : il a en commun avec ses plus illustres contemporains la froideur, la pauvreté de la langue et aussi une certaine noblesse, une hauteur de style qu'on n'apprécie plus assez. Auteur de la *Mort d'Abel* (1792) et d'*Épictaris et Néron* (1793), tragédie, il est surtout célèbre par un poème publié en 1800, le *Mérite des femmes*, et tout spécialement par un vers de ce poème :

Tombe aux pieds de ce sexe à qui tu dois ta mère.

Après ces poètes de transition, on a plaisir à trouver Béranger.

Pierre-Jean de Béranger naquit à Paris le 19 août 1780, chez un tailleur, son « pauvre et vieux grand-père » du côté maternel, qui lui laissa passer sans leçons et sans travail une enfance un peu vagabonde [2].

1. Gabriel-Marie-Jean-Baptiste Legouvé, né à Paris le 23 juin 1764, mort dans la même ville le 30 août 1812. Il fut élu membre de l'Académie française en 1798.

2. Béranger mourut à Paris le 17 juillet 1857.

VUE DE LA MAISON OU MOURUT BÉRANGER

Plus tard, il fut placé chez un imprimeur de Péronne et apprit l'orthographe et les premières règles de la versification; mais il ne tarda pas à revenir à Paris où le rappelait sa vocation poétique.

Après avoir écrit une comédie, des dithyrambes, un poème pastoral et un poème épique, après avoir lutté contre la misère « privé de ressources, versifiant sans but et sans encouragement, sans instruction et sans conseil », il parvint à entrer en qualité de commis expéditionnaire au secrétariat de l'Université où il resta douze ans. Ce fut alors seulement qu'il se tourna vers la chanson. Il s'en est fait un genre bien à lui, où il est maître comme La Fontaine dans la fable.

Béranger est le poète du peuple; on peut dire de lui ce qu'il disait de Manuel :

Bras, tête et cœur, tout était peuple en lui.

Il s'est obstiné à n'être que peuple; quand on lui offrait les fonctions de censeur, une place dans les bureaux de M. Laffitte, un fauteuil à l'Académie, la direction de l'imprimerie royale, il refusait toujours, non seulement par amour de l'indépendance mais pour rester dans son rôle de chantre populaire. Il n'est pas à son aise dans les salons : il aime mieux l'atelier, la boutique et la rue; c'est là que sont ses sympathies, c'est là qu'il trouve ses meilleures inspirations.

Comme pour les anciens trouvères qui allaient par les villes chanter leurs poèmes, l'instinct de la foule est pour Béranger une poétique vivante qui ne lui permet pas de s'égarer. C'est elle qui l'a forcé « de renoncer à la pompe des mots », c'est-à-dire d'être simple et vrai, même dans la grandeur. « Le peuple n'est pas sensible aux recherches de l'esprit, aux délicatesses du goût, soit ! mais par là même il oblige les auteurs à concevoir plus fortement, plus grandement pour captiver son attention. » Aussi il n'est pas une de ses chansons qui n'ait une composition dramatique, une unité vitale, une idée essentielle, toujours vraie, ingénieuse, touchante, à laquelle le refrain rattache tous les couplets.

« Par le fait même qu'elles s'adressaient au peuple, le ton de ces chansons dut s'élever « à la hauteur des impressions de joie et de tristesse que les triomphes ou les désastres produisaient sur la classe la plus nombreuse ». — « C'est dans le style le plus grave que le peuple veut qu'on lui parle de ses regrets et de ses espérances. » Béranger lui parla dans ce style grave, il lui parla une langue digne de ses destinées futures, il lui reconnut comme prélude ou comme complément de ses autres droits, son droit à la poésie.

BÉRANGER

Plusieurs de ses chansons patriotiques, un grand nombre de ses chansons morales, sont de véritables odes. Aucune littérature n'a rien de comparable à cette foule de malins couplets politiques dont on peut apprécier diversement la tendance, mais non l'inimitable perfection. Cet élan lyrique, cette délicatesse de sentiment, cette verve d'esprit, Béranger a su les rendre populaires et les graver dans la mémoire des artisans de nos villes, de manière à pouvoir, seul de tous nos poètes, se passer au besoin du secours de la presse[1]. »

1. Demogeot, *Histoire de la littérature française*. Je dois d'ailleurs beaucoup, pour le chapitre des poètes, comme pour celui des prosateurs, à cet excellent ouvrage, ainsi qu'aux littératures de M. Nisard et de M. Gérusez et aux remarquables articles de Sainte-Beuve.

Béranger a les traits purs du génie poétique français : il n'imite pas la Grèce ni Rome : « Non, disait-il, les Latins et les Grecs ne doivent pas être des modèles : ce sont des flambeaux. » Il ne cherche jamais d'inspiration à l'étranger :

Redoutons l'anglomanie :
Elle a déjà gâté tout.
N'allons point en Germanie
Chercher des règles de goût.

Il est national comme le furent Rabelais, Régnier et Molière. L'amour ardent de la patrie est une bonne part de son génie. Au temps de la Restauration, tandis qu'on voyait

Carlins et bassets
Caresser Allemands et Russes
Couverts encor de sang français,

il aime à offrir à la France abattue l'hommage de son admiration et de son respect :

Reine du monde, ô France ! ô ma patrie !
Soulève enfin ton front cicatrisé,
Sans qu'à tes yeux leur gloire en soit flétrie,
De tes enfants l'étendard s'est brisé.
Quand la fortune outrageait leur vaillance,
Quand de tes mains tombait ton sceptre d'or,
Tes ennemis disaient encor :
Honneur aux enfants de la France !

Il est bien Parisien aussi. Son plus long voyage a été de la rue Montorgueil à Péronne. « Béranger, dit Sainte-Beuve, tient au terroir : la nature qu'il peint à la dérobée et qu'il aime, ce sont nos cantons fleuris, notre joli paysage entrecoupé, des vignes, des bois, de petites maisons blanches, Passy, même Suresnes. Il est le seul poète qui, indépendamment même du choix des sujets, ait toujours gardé la rondeur bourgeoise, l'accent familier, la tournure d'idées ouverte et plébéienne qui sont les traits caractéristiques du peuple de Paris. »

Et ce qui nous le rend encore plus cher, c'est que sa muse si française et si parisienne est une muse républicaine. S'il a célébré plus qu'il ne fallait la mémoire du premier Bonaparte, c'est parce que ce Bonaparte était tombé, parce que chanter ce nom était protester contre la monarchie non moins despotique qui avait pris sa place avec l'appui des armées étrangères. Ses véritables héros ce sont les révolutionnaires qui ont pris la Bastille, et les républicains qui ont défendu la *patrie en danger*.

Qui ne connaît ces admirables couplets du *Vieux sergent?*

Qui nous rendra, dit cet homme héroïque,
Aux bords du Rhin, à Jemmape, à Fleurus,
Ces paysans, fils de la République,
Sur la frontière à sa voix accourus?
Pieds nus, sans pain, sourds aux lâches alarmes,
Tous à la gloire allaient du même pas.
Le Rhin lui seul peut retremper nos armes;
Dieu, mes enfants, vous donne un beau trépas!

De quel éclat brillaient dans la bataille
Ces habits bleus, par la victoire usés!
La liberté mêlait à la mitraille
Des fers rompus et des sceptres brisés.
Les nations, reines par nos conquêtes,
Ceignaient de fleurs le front de nos soldats.
Heureux celui qui mourut dans ces fêtes!
Dieu, mes enfants, vous donne un beau trépas.

Il n'y a qu'un chant plus beau que celui-là; celui qui faisait oublier à ces *paysans fils de la République* qu'ils marchaient pieds nus et qu'ils manquaient de pain : la *Marseillaise*.

Un autre chansonnier, venu un peu plus tard pour chanter aussi la patrie, la liberté, les amis, les deuils et les fêtes des pauvres, Hégésippe Moreau [1], n'appartient à Paris que par sa naissance, ses misères et sa mort.

« Bleuet éclos parmi les roses de Provins », il resta fidèle à la ville qui l'avait adopté, et c'est à Provins qu'il consacra ses plus doux vers. Paris aussi, où il combattit sur les barricades des insurgés en 1830, où il souffrit la faim, où il mourut à l'hôpital, Paris lui fut dur. C'était pourtant un esprit charmant que l'auteur du *Myosotis*. La *Fermière* et la *Voulzie* sont deux poèmes délicieux.

« Je ne me crois pas un grand poète, disait Moreau. Pourtant Dieu m'est témoin que je suis un poète; par malheur, je ne suis que cela. »

Il disait vrai. C'était un poète.

Si Paris n'a donné le jour qu'à un seul des grands poètes romantiques qui ont jeté tant d'éclat en 1830, du moins celui-là est-il d'une rare puissance : c'est l'auteur des *Iambes* et d'*Il Pianto*, le chantre de la liberté et des arts. C'est en août 1830 qu'Auguste Barbier [2] lança, dans un peuple enthousiasmé par les trois journées, la *Curée*, dont l'accent nouveau, la vigueur, la force satirique causèrent une prodigieuse sensation d'étonnement et d'admiration. Cette poésie, qui reflétait la flamme du combat des rues et en contenait l'écho brutal et puissant, vola de bouche en bouche et rendit Auguste Barbier célèbre en quelques heures.

Auguste Barbier soutint ce début par une suite de vigoureuses satires : le *Lion*, *Quatre-vingt-treize*, l'*Émeute*, la *Popularité*,

1. Né à Paris le 9 avril 1810, mort dans la même ville, à l'hôpital de la Charité, le 10 décembre 1838.

2. Henri-Auguste Barbier, né à Paris le 28 avril 1805, mort dans la même ville le 14 février 1882. Il fut élu membre de l'Académie française en 1869.

l'*Idole*, *Varsovie*, *Melpomène*, *Terpsichore*, l'*Amour de la mort*, etc.

Ces chants réunis formèrent ce que le poète appela les *Iambes*, en souvenir des poèmes d'Archiloque et des satiriques grecs formés, comme les poésies du jeune Barbier, d'une suite de grands vers et de petits vers alternés.

Barbier vit ensuite l'Italie. « Il l'aima, comme a dit M. Anatole France, parce qu'elle était belle et parce qu'elle était malheureuse. » De ce sentiment sortit *Il Pianto* (le soupir), suite délicieuse de sonnets et d'élégies sur l'art des anciens jours et les tristesses des temps nouveaux.

AUGUSTE BARBIER, D'APRÈS DAVID D'ANGERS

A compter de ce livre, la main et la pensée d'Auguste Barbier se fatiguèrent, et il ne trouva plus ces grands accents dont l'éclat étonnait. Il embellit du moins sa longue vieillesse par l'amour de l'art, par un culte pour la peinture que sa mère, peintre elle-même, lui avait inspiré et qu'il garda pieusement jusqu'à la dernière heure.

J'ai dit que les romantiques n'étaient pas Parisiens; c'est peut-être parce que le Parisien a dans l'esprit une mesure qui s'accorde mal avec toute doctrine excessive. Du moins Musset est-il « du grand village ».

« Celui-là, dit M. Taine, celui-là n'a jamais menti ! »

C'est en effet la sincérité du sentiment qui fait qu'Alfred de Musset [1], le poète le plus cher à toutes les âmes qui cherchent dans les livres, une âme semblable à la leur par ses douleurs, ses aspirations, ses défaillances et ses faiblesses.

Aussi Musset, mort depuis plus de vingt ans, est-il resté le plus jeune de nos poètes : le cœur ne vieillit pas.

MAISON DE LA RUE DES NOYERS OU NAQUIT A. DE MUSSET

Fils de M. Musset-Pathay, connu pour un bon livre sur Jean-Jacques Rousseau, Alfred de Musset fut élevé dans l'amour des lettres et fit au collège Henri IV

1. Louis-Charles-Alfred de Musset, né à Paris le 11 novembre 1810, mourut dans a même ville le 1er mai 1857. Il fut élu membre de l'Académie française en 1852.

de brillantes études. Il rima des contes au sortir du collège et ces contes se trouvèrent charmants.

Le lyrisme de ce temps était volontiers sentimental, solennel, pompeux comme un *Te Deum* : « Musset entra dans le sanctuaire tout éperonné et par la fenêtre. » Il séduisit tout d'abord la jeunesse par sa désinvolture [1], son vers enchanteur, sa négligence pleine de grâce, son rire trempé de larmes, son scepticisme si frais et si attendri même dans ses désespoirs et dans ses blasphèmes. Il chanta l'amour, d'abord avec un dandysme railleur, puis avec son cœur tout simplement : il peignit les contradictions et les doutes d'une âme que les passions ont surmenée, énervée et laissée vide en se retirant.

Il réalisa la vérité du dicton populaire. Étant entré dans la vie en riant, il n'eut ensuite que des larmes. Larmes d'ironie, de repentir, de douleur, de regrets : voilà ce qu'on trouve dans la *Coupe et les lèvres*, dans les *Nuits,* merveilles de mélancolie, dans l'*Espoir en Dieu*, dans tous les poèmes qui dureront autant que le sentiment de la douleur.

Son inspiration si profonde dura peu. Henri Heine put dire en se moquant qu'Alfred de Musset était à trente ans un jeune homme d'un bien beau passé. Mais que de choses il avait senties et exprimées alors ! Musset n'est pas seulement le poète capricieux et touchant des *Contes* et des *Nuits;* c'est encore l'auteur adorable des *Comédies et Proverbes*. Son théâtre, d'une fantaisie délicieuse et profonde, contient même un grand drame politique, social, *civique : Lorenzaccio*, œuvre généreuse tout enflammée de l'amour de la patrie et de la liberté. Conservons, aimons cette gloire charmante de notre pays ; gardons notre sympathie à Musset, sans rechercher si les troubles d'un organisme trop sensible ne l'ont pas jeté dans des désordres où s'éteignirent trop tôt son esprit et sa vie.

1. Sainte-Beuve.

Il mourut à quarante-sept ans d'une maladie de cœur.

Son œuvre échappe à toute école : elle est seulement française.

Faute de trouver un autre terme, j'appellerai école néo-romantique celle des poètes qui, sous le second empire, tentèrent, sans grand succès, de réveiller l'attention d'un public indifférent à l'art et dégoûté de lire.

L'école néo-romantique est représentée dans les annales parisiennes par un des plus étranges, un des plus curieux exemplaires de la poésie moderne. Charles Baudelaire [1], l'auteur des *Fleurs du mal*, naquit en 1821 dans ce Paris dont il a si bien peint le réveil quotidien.

> ... Le vieux Paris, en se frottant les yeux,
> Empoigne ses outils, ouvrier laborieux.

Baudelaire n'a guère interprété que des sentiments et des idées d'exception : par là, il est destiné à rester impopulaire. Mais les lettrés admirent l'originalité de son œuvre. Il a donné des *Contes étrangers* d'Edgar Poë des traductions admirables, vraies créations par la langue, qui, popularisant en France le génie du plus rêveur des Américains, fournit à notre littérature une source d'inspirations nouvelles.

1. Né à Paris le 21 avril 1821, mort dans la même ville le 31 août 1867. MM. Charles Asselineau et Étienne Charavay ont consacré des études intéressantes à ce poète original.

II

LES AUTEURS DRAMATIQUES

I

LES AUTEURS TRAGIQUES

JODELLE. — QUINAULT. — LA MOTTE. — LA FOSSE. — VOLTAIRE. — NÉPOMUCÈNE LEMERCIER. — PIERRE-ANTOINE LEBRUN.

Si Paris n'a pas produit le plus grand de nos auteurs tragiques, il a du moins produit le premier. C'est Jodelle [1], un des disciples de Ronsard, esprit entreprenant et singulièrement facile. « Quoiqu'il n'eût mis l'œil aux bons livres comme les autres, dit Pasquier, si est-ce qu'en lui y avait un naturel émerveillable. Et de fait ceux qui de ce temps-là jugeaient des coups disaient que Ronsard était le premier des poètes, mais que Jodelle en était le démon. Rien ne semblait lui être impossible où il employait son esprit. »

1. Étienne Jodelle, né à Paris en 1532, mort dans la même ville en 1573.

Il l'employa à mettre sur la scène des tragédies imitées des anciens, ce qu'on n'avait jamais fait avant lui. La *Cléopâtre* fut écrite en 1552: Jodelle n'avait que vingt ans. Elle fut représentée avec une comédie de même auteur : la *Rencontre* « devant le roi Henri II, à Paris, en l'hôtel de Reims, avec un grand applaudissement de toute la compagnie ; et, depuis encore, au collège de Boncour, où toutes les fenêtres étaient tapissées d'une infinité de personnages d'honneur, et la cour si pleine d'écoliers que les portes du collège en regorgeaient[1] ».

Remi Belleau, Jean de la Péruse et d'autres élèves de Ronsard tenaient les principaux rôles : Jodelle lui-même représentait Cléopâtre.

On raconte qu'une fois la représentation achevée auteur et acteurs grisés de leur succès se décernèrent à eux-mêmes un triomphe aussi classique que leur pièce : après avoir fait à Auteuil un joyeux dîner, ils immolèrent un bouc comme on faisait à Athènes dans cette fête de Bacchus qui fut l'origine de la tragédie.

« Dans cette pièce, comme dans celles qui suivirent, la part de l'imitation était bien considérable ; cette imitation même était bien gauche et bien maladroite ; mais cette faible apparition du drame antique suffit à discréditer à jamais les vieux mystères du moyen âge, à préparer la voie à la vraie tragédie française et même à lui léguer ce caractère de gravité imposante, cette unité et cette simplicité sévère dont nos grands auteurs ont accepté le joug[2]. »

Ces grands auteurs ne sont pas Parisiens : Corneille et Rotrou sont normands; Racine champenois.

Le parisien Quinault[3] ne fut qu'un poète à la mode. Son *Astrate*, qui enrichit les acteurs du théâtre de Bourgogne et dont le succès

1. Pasquier, *Recherches*, VII, 6.
2. Demogeot.
3. Philippe Quinault, né à Paris le 13 juin 1635, membre de l'Académie française en 1670, mort à Paris le 26 novembre 1688.

éclatant troubla les dernières années de Corneille, ne vaut plus à nos yeux que par une langue assez claire, une versification facile et une certaine faiblesse qui donne l'illusion de la douceur. Quinault serait bien oublié s'il n'avait fait que des tragédies : on se souviendra de lui parce qu'il est le créateur d'un nouveau genre dramatique, la tragédie lyrique. Il est avec Lulli le fondateur de l'opéra français.

QUINAULT

Ce genre convenait à son talent et il y réussit : *Alceste*, *Atys*, *Armide* plaisent encore par un style tellement harmonieux qu'il est à lui seul une musique, par des situations heureuses et des passages véritablement poétiques.

Antoine Houdar de la Motte, qui naquit à Paris le 17 janvier 1672, égala presque Quinault dans ses opéras. Sa tragédie d'*Inès de Castro*, qui fut jouée en 1723, obtint un grand succès qu'on ne s'explique guère quand on la lit [1].

Avant lui La Fosse [2] avait fait applaudir son *Manlius*, tragédie heu-

1. Houdar de la Motte devint membre de l'Académie française en 1710. Il mourut à Paris le 26 décembre 1731.

2. Antoine de La Fosse, né à Paris vers 1653, mourut dans la même ville le 2 novembre 1708.

4

reusement imitée de Corneille, où l'on trouve des caractères énergiques et d'excellents vers.

Voltaire est, dans la tragédie, un disciple de Corneille et de Racine : mais là comme partout il est original. Il pensa qu'en rendant l'action plus rapide il produirait des effets nouveaux, qu'en faisant une plus grande part au spectacle il ajouterait à la vraisemblance.

On avait tant abusé des tirades que les pièces étaient devenues des « conversations en cinq actes ». Voltaire les raccourcit, il réduisit le nombre des monologues, puis les supprima tout à fait. Il y eut moins de discours et plus de mouvement : on raconta moins et on montra davantage.

Comme on montrait davantage, il fallut rendre la scène plus large et plus profonde. Voltaire parvint à la débarrasser des banquettes sur lesquelles s'asseyaient les gentilshommes pour voir la pièce et se faire voir. On mit ces banquettes au parterre et c'était un double avantage puisque les spectateurs du parterre, qui, jusque là, avaient dû se tenir debout, purent enfin s'asseoir.

La scène agrandie, il y eut des figurants, des costumes plus riches, des décorations souvent renouvelées, des bûchers, du tonnerre et des éclairs. Dans *Tancrède* on vit un tournoi sur les planches. C'est là une innovation matérielle : mais tout ce qui concerne la scène fait partie de l'art dramatique : le plaisir des yeux ne fait que rendre plus vif le plaisir de l'esprit.

Voltaire alla plus loin encore : après avoir donné au théâtre plus d'éclat et plus d'attrait, il en fit une tribune retentissante du haut de laquelle il sema dans le peuple les grandes idées pour lesquelles il combattait. Presque toutes ses tragédies sont des thèses morales ou des plaidoyers politiques : Dans *Zaïre*, son chef d'œuvre, il montre deux belles âmes, qui s'aiment invinciblement, séparées par la religion;

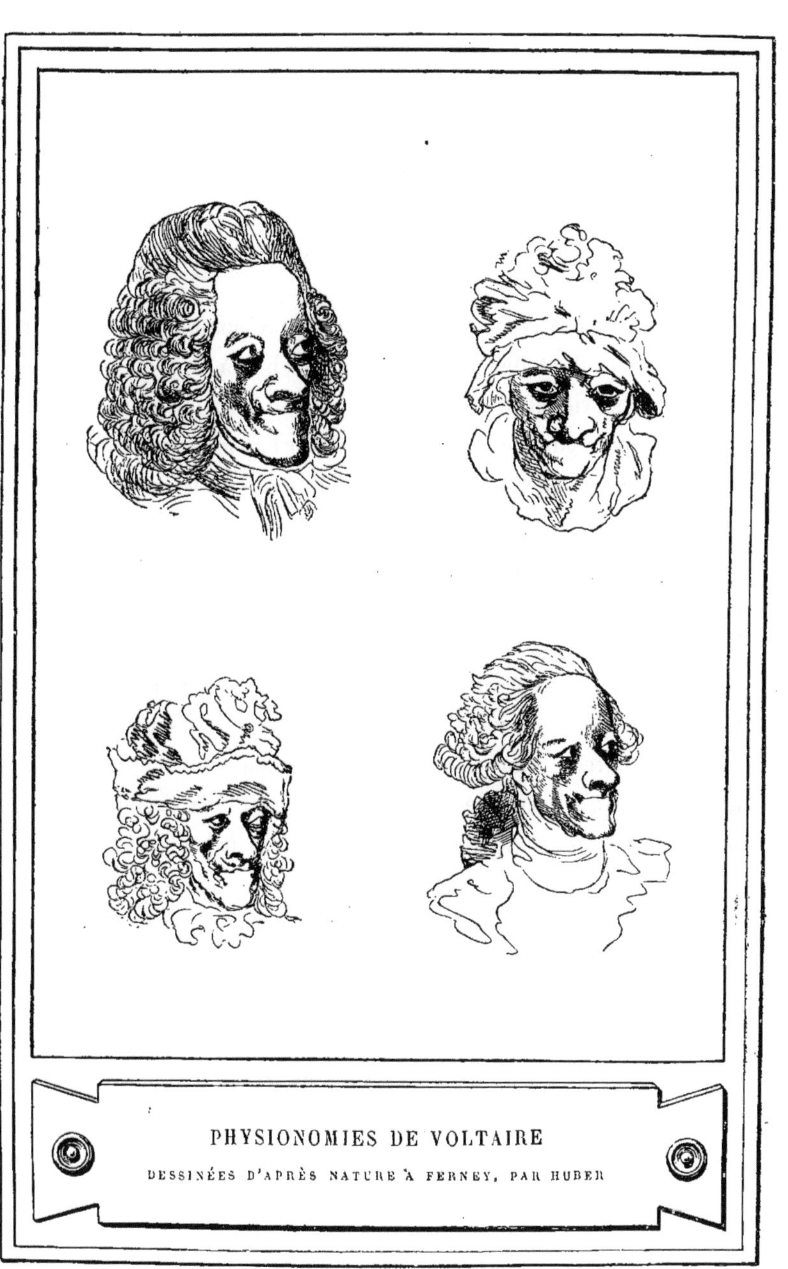

PHYSIONOMIES DE VOLTAIRE

DESSINÉES D'APRÈS NATURE À FERNEY, PAR HUBER

dans *Brutus*, il fait une apologie des libertés républicaines; il écrit *Mahomet* « pour faire voir le danger du fanatisme ».

Le théâtre ne parle plus seulement à l'imagination et au cœur, il parle aussi à la raison : il fait pénétrer au sein du peuple les lumières de la philosophie : il devient une école de tolérance et de justice.

C'est aussi, à sa façon, un novateur, que Népomucène Lemercier [1]. Une chute qu'il fit dans son enfance le laissa à demi paralysé pour le reste de sa vie; il ne marchait qu'avec des béquilles et n'écrivait que de la main gauche. Mais il montra, par l'abondance et la force de ses productions, ce que peut une âme ardente dans un corps débile (on remarquera toutefois que la lésion avait atteint les causes du mouvement sans atteindre les causes de l'intelligence). A l'âge de quinze ans, il composa une tragédie, *Méléagre*, que madame de Lamballe, sa marraine, fit jouer par ordre du roi. Le public fut bienveillant; mais l'auteur lui-même, plus sévère, retira la pièce le lendemain de la représentation. Ce premier essai, tout classique, ne pouvait en effet contenter un esprit inquiet comme était Lemercier, qui chercha jusqu'à l'extrême vieillesse la nouveauté et l'originalité.

Né aux lettres au moment où la Révolution française transformait les mœurs, les coutumes, les usages, toutes les idées, Lemercier se jeta dans toutes sortes de directions sans jamais trouver sa voie. Sa destinée fut de chercher : c'est ainsi qu'il donna successivement à la scène une *Clarisse Harlowe*, tirée du roman sentimental de l'anglais Richardson ; un *Tartuffe révolutionnaire*, étude passionnée des mœurs du temps; le *Lévite d'Éphraïm*, essai d'un genre tout nouveau; *Agamemnon*, tragédie d'un grand caractère et d'une belle diction; la *Prude*, comédie de caractère ; *Pinto*, drame en prose, premier type

1. Louis-Jean Népomucène Lemercier, né à Paris le 21 avril 1771, mort dans la même ville le 7 juin 1840. Il avait été élu membre de l'Académie française en 1810.

des drames romantiques, chef-d'œuvre hardi dont le gouvernement du Directoire interdit la représentation.

Pinto ne fut joué que sous le Consulat; mais alors encore il fut arrêté après vingt soirées de triomphe. Dès lors se dessinait l'antagonisme profond de Lemercier et de Bonaparte. Le poète, répandu dans les salons, y avait maintes fois rencontré le vainqueur d'Italie, et il avait gardé, après le 18 brumaire, la liberté républicaine de son langage. Un jour, à Saint-Cloud, Lemercier osa dire au premier Consul : « Vous vous amusez à refaire le lit des Bourbons, je vous le prédis : Vous n'y coucherez pas dix ans. »

Quand l'Empire fut proclamé, Lemercier rompit avec éclat. Pendant la période impériale, il continua ses essais dramatiques : le plus heureux fut la *Comédie romaine*, où l'on voit Plaute lui-même, le grand comique latin, faisant agir des personnages afin de les peindre à mesure qu'ils agissent. Son *Christophe Colomb* témoigne d'une autre hardiesse.

Sous la Restauration, Lemercier donna un *Saint-Louis*, un *Clovis*, une *Démence de Charles VI*, une *Frédégonde*, un *Richelieu ou la Journée des Dupes*. Tous ces sujets sont tirés de l'histoire nationale, selon le goût qui prévalut vers 1810, que Marchangy soutint dans sa *Gaule poétique*, et auquel les romantiques, surtout Alexandre Dumas, furent fidèles dans plusieurs de leurs œuvres. Ce fut à l'indépendance de la Grèce que Lemercier, zélateur de toutes les nobles causes, consacra les restes de son fougueux talent.

Il composa les *Martyrs de Souly*, dont la représentation ne fut point autorisée, et mourut dans sa soixante-neuvième année [1]. Son activité ne s'était pas exercée seulement qu'au théâtre; il avait composé plusieurs grands poèmes dont le plus célèbre est la *Panhypocrisiade*, satire universelle des vices.

1. Népomucène Lemercier fut remplacé à l'Académie française par Victor Hugo.

Pierre-Antoine Lebrun [1] fut, comme Lemercier, un poète précoce. Il composa à douze ans une tragédie de *Coriolan*, qui n'a point été conservée. Parvenu à l'adolescence ,au milieu des gloires militaires du premier Empire, il composa une ode à *la Grande Armée* qui, insérée dans le *Moniteur* et signée Le Brun, fut attribuée par l'Empereur comme par le public au vieux et renommé poète Écouchard Lebrun, l'auteur de l'ode sur le *Vengeur* [2].

La première pièce que Pierre-Antoine Lebrun fit représenter est aussi pacifique que son ode était guerrière : c'est un *Pallas, fils d'Évandre*, inspiré des derniers chants de l'Énéide. En 1814, il donna un *Ulysse*, et, en 1820, une *Marie Stuart* imitée de Schiller, qui passe pour touchante. Il donna, cinq ans après, le *Cid d'Andalousie*, qui eut de grands démêlés avec la censure, parce qu'un roi y jouait un rôle peu flatteur.

Lebrun, dont la flamme était tombée vite, ne produisit rien dans le reste encore considérable de sa vie. Ami des Grecs comme Delavigne et Lemercier, il avait composé, en 1820, dans la Grèce même, un poème sur cette terre de la beauté. Ce poème fut publié en 1828. C'était un homme fidèle et bienveillant.

1. Pierre-Antoine Lebrun, né à Paris le 29 novembre 1785, mort dans la même ville le 27 mai 1873. Il avait été élu membre de l'Académie française en 1828.

2. Voir page 20 de ce volume.

II

LES AUTEURS COMIQUES

MOLIÈRE. — REGNARD. — MARIVAUX. — BEAUMARCHAIS. — SEDAINE. — PICARD. — SCRIBE. — THÉODORE BARRIÈRE.

« Un portrait est au Louvre, dit Michelet, un vigoureux tableau sans nom d'auteur. Il illumine la petite salle où il est, comme une flamme. L'artiste, un peintre secondaire peut-être, mais ce jour-là en face d'un tel original, s'est trouvé transformé. Ce visage est celui d'un grand révélateur, et non pas moins celui d'un créateur, dont tout regard était un jet de vie. La vigueur mâle y est incomparable, avec un grand fond de bonté, de loyauté, d'honneur. Rien de plus franc, ni de plus net. La lèvre est sensuelle et le nez un peu gros. Trait bourgeois que le peintre a cru devoir ennoblir avec quelque peu de dentelle. A quoi bon? On n'y songe pas : l'intensité de vie qui est dans cet œil noir absorbe, et l'on ne voit rien autre. On en sent la chaleur. Elle brûle à dix pas. »

Ce portrait est le portrait de Molière. Ni Paris, ni la France, ni le monde n'ont produit de génie plus grand que celui-là.

La première chose qui frappe en lui, c'est la force mystérieuse et irrésistible de la vocation. Né dans une famille d'artisans, en pleine rue Saint-Honoré [1], destiné à être tapissier comme l'avaient été tous ses ancêtres et valet de chambre tapissier du roi comme l'était son père, il obtint à force de prières d'être envoyé au collège. Au collège il étudie avec passion et fait en cinq ans ses études complètes. A peine en est-il sorti que toutes ses pensées se tournent vers le théâtre. Malgré les résistances de sa famille, il s'associe avec quelques jeunes gens qui avaient du talent pour la déclamation, fonde l'*Illustre Théâtre* et se met à jouer la comédie. Ne se sentant pas encore capable de lutter avec les troupes rivales de l'*Hôtel de Bourgogne* et du *Marais*, il se met à courir la province, préférant les tracas et les déboires de cette vie errante à l'existence paisible qu'il aurait pu mener dans la boutique paternelle : il parcourt toute la France avec ses camarades. En 1648, deux ans après son départ de Paris, on le retrouve à Nantes, puis à Bordeaux, puis à Vienne et enfin en 1653, à Lyon où il fait jouer sa première grande pièce, l'*Étourdi*. En 1654, il va à Béziers où se tiennent les États : il y donne le *Dépit Amoureux*, excellente comédie où se trouve une scène digne de la maturité de son talent. Le prince de Conti, dont il a été le camarade au collège, lui offre la place de secrétaire de ses commandements, mais il refuse : il tient trop à son indépendance et à son art. Il repart et parcourt encore le Languedoc pendant plusieurs années : il revient enfin à Paris pour y faire devant un auditoire digne de lui l'essai de son talent.

Recommandé par le duc d'Orléans, présenté au roi qui lui permet de jouer alternativement avec les comédiens italiens, sur le théâtre du Petit-Bourbon, il inaugure sa glorieuse carrière en faisant représenter les *Précieuses Ridicules*. C'était un terrible coup porté aux beaux

1. Jean-Baptiste Poquelin, dit Molière, né à Paris le 15 janvier 1622, mort dans la même ville le 17 février 1673.

1622 — JEAN-BAPTISTE MOLIÈRE — 1673

1655 — JEAN-FRANÇOIS REGNARD — 1709

1688 — PIERRE CARLET DE CHAMBLAIN DE MARIVAUX — 1763

1732 — PIERRE-AUGUSTIN CARON DE BEAUMARCHAIS — 1799

1719 — MICHEL-JEAN SEDAINE — 1797

1791 — EUGÈNE SCRIBE — 1861

esprits dont les goûts raffinés, les mesquins scrupules, l'afféterie prétentieuse risquaient de corrompre le goût national. Le succès fut immense. Un vieillard s'écria du milieu du parterre : « Courage, Molière! voilà la bonne comédie ! » Le bons sens a rarement remporté une plus grande et plus facile victoire et la meilleure preuve c'est que Ménage, un des oracles de Précieuses, se déclara séance tenante convaincu et désabusé. « Au sortir de la pièce, prenant M. Chapelain par la main : « Monsieur, lui dis-je, nous approuvions vous et moi toutes les sottises qui viennent d'être critiquées si finement et avec tant de bon sens; mais croyez-moi, pour me servir de ce que saint Rémy dit à Clovis, il nous faudra brûler ce que nous avons adoré et adorer ce que nous avons avons brûlé. » Cela arriva comme je l'avais prédit, et dès cette première représentation, l'on revint du style forcé et du galimatias. »

Molière lui-même se rendit compte à cette épreuve des progrès qu'il avait faits, s'il faut en croire ce mot de noble fierté : « Je n'ai plus que faire d'étudier Plaute et Térence et d'éplucher les fragments de Ménandre; je n'ai qu'à regarder le monde. »

Il le regarda avec cette profondeur de vue qui le faisait appeler le *contemplateur* et ce qu'il y vit, il le peignit en traits immortels : ce sont, au milieu de tant d'autres types impérissables, les nobles de cour, les « marquis » légers, froids et fats, poupées à perruque et à rabat, qui « arrivent à la chambre du roi, avec cet air qu'on nomme le bel air, peignant leur perruque et grondant une petite chanson entre leurs dents, la, la, la, la, la. Rangez-vous donc, vous autres, car il faut du terrain à deux marquis, et ils ne sont pas gens à tenir leur personne dans un petit espace. »

C'est, comme dans *Don Juan*, le grand seigneur méchant homme, qui fait le mal avec délices, qui aime à voir souffrir, entasse l'un sur

1622 — J.-B. POQUELIN MOLIÈRE — 1673

l'autre les plus abominables forfaits, insulte son père qui le maudit et en arrive de chute en chute à l'hypocrisie religieuse.

C'est aussi, comme dans *Monsieur Jourdain*, le parvenu, le bourgeois enrichi, qui se sépare du peuple dont il est sorti pour jouer au gentilhomme. C'est dans l'*École des maris* et dans l'*École des femmes* le mari brutal et jaloux qui voudrait faire de sa femme une esclave et une bête pour être plus sûr de sa fidélité. C'est dans les *Femmes savantes* ce tableau achevé dont les *Prérieuses Ridicules* étaient l'ébauche, la femme qui pense s'émanciper en devenant maniérée, pédante et grincheuse. C'est ce type immortel de *l'Avare!* C'est le *Misanthrope*, auquel il a prêté beaucoup de ses traits et beaucoup de son âme, grand et noble caractère qui étouffe dans ce qu'on appelle les convenances du monde et souffre beaucoup, pour avoir voulu penser, parler, agir selon la conscience et selon la nature.

C'est enfin le *Tartufe*, au-dessus duquel il n'y a rien. Là le poète avec un admirable courage prend corps à corps les faux dévots « c'est-à-dire les hommes à la fois les plus habiles et les plus pervers, les plus accoutumés aux intrigues souterraines, les plus résolus à la vengeance et d'autant plus redoutables qu'ils revêtent les apparences de la vertu ». Il montre le foyer domestique d'une femme honnête envahi par un charlatan de piété. « Là tout est troublé : les amusements innocents, l'honnête liberté des discours, les plaisirs et les projets de la famille, un mariage sortable et déjà fort avancé... la maison est divisée en deux camps. L'aïeule est devenue l'ennemie des petits enfants; le père se fait le tyran de sa fille... tout le monde est ému. Le plus modéré, le sage de la pièce, Cléante, est toujours près de perdre patience; Damis éclate dès le commencement, Dorine, pour dire trop haut ce qu'elle a sur le cœur, risque à chaque instant de se faire chasser. C'est que, si le travers religieux a pour effet d'endurcir, de dessécher, de passionner ceux qui en sont atteints, il exaspère aussi ceux qui en souffrent. Tout le monde est ému et presque hors de soi : vous diriez l'agitation d'une maison où s'est introduite une bête dangereuse.

« Cette émotion qui anime toutes les scènes de *Tartufe* était passée de l'âme de Molière dans celle de ses personnages. C'est la pièce où il a mis le plus de feu. Il y a d'autres vilaines gens dans son théâtre, et il ne les a pas ménagées ; mais la preuve qu'il ne leur en veut guère, c'est qu'il se contente de les rendre ridicules. Il n'a pas eu à craindre leurs originaux dans le monde, et il ne leur fait pas l'honneur de se fâcher quand il les peint. Pour le faux dévot, il en a peur ; il en a horreur du moins. C'est la révolte de sa noble nature contre ce vice, le plus odieux de tous, parce qu'il sert de couverture à tous. Le faux dévot a toute la perversité des autres hommes, plus la sienne. Molière a moins songé à nous amuser qu'à nous avertir[1]. »

Louis XIV a fait jouer *Tartufe* malgré les clameurs des dévots qui s'étaient laissé entraîner à prendre parti pour les hypocrites. C'est peut-être son principal titre de gloire. Il n'était pas encore devenu le pénitent du père La Chaise, jésuite.

A côté des grandes pièces de Molière dont nous venons de rappeler les noms, il y a aussi les petites pièces, ces impromptus d'un homme qui, la même année, malgré ses chagrins domestiques et les soins de sa direction, pouvait donner avec le *Tartufe*, le *Sicilien ;* avec le *Misanthrope*, le *Médecin malgré lui*. Citons avec le *Médecin malgré lui*, les *Fourberies de Scapin*, la *Comtesse d'Escarbagnas*, *Monsieur de Pourceaugnac*, le *Malade imaginaire* et tant d'autres.

En un de ses mauvais jours, Boileau a écrit :

> Dans le sac ridicule, où Scapin s'enveloppe,
> Je ne reconnais pas l'auteur du Misanthrope.

1. D. Nisard, *Histoire de la littérature française*, t. III, p. 110-111.

Nous l'y reconnaissons, nous. Nous le reconnaissons dans ces comédies-ballets où il y a toujours de la force comique, dans ces bouffonneries où il y a toujours de l'esprit le plus fin et souvent des vérités profondes, et nous admirons ce génie inépuisable qui a su s'accommoder à tous les publics, plaire au peuple aussi bien qu'aux gens de cour et aux lettrés sévères « faire rire les honnêtes gens » des loges et les honnêtes gens du parterre, entre lesquels il n'a jamais fait de différence.

FRONTISPICE DES ŒUVRES DE MOLIÈRE

« Si la fécondité de l'invention est un des signes du génie dramatique, nul n'a possédé plus souverainement cette magie créatrice qui sait communiquer la vie à tout un monde de personnages dont la physionomie est si distincte qu'une fois connus, ils s'imposent définitivement à la mémoire. Les siens sont tout ensemble et des individus qui ont leur date dans l'histoire des mœurs et des types qui ne périront jamais [1]. » Ce qui complète cette belle figure de Molière, ce qui en fait le plus admirable modèle de tous les pays et de tous les temps, c'est qu'en lui le caractère est à la hauteur du génie. Les humiliations de toute sorte, la familiarité blessante des courtisans, les calomnies des rivaux jaloux, les tourments que lui prodigua une femme indigne qu'il aimait avec passion, les tracasseries et l'ingratitude de ses comédiens, tout cela n'aigrit point son caractère : il resta profondément bon.

On peut dire qu'il se sacrifia à la fortune de sa troupe. Dans les derniers temps de sa vie, malade, réduit à se nourrir de lait, alors qu'on lui interdisait même de causer, il s'obstinait à jouer les rôles les plus fatigants. L'Académie lui offrait la première place vacante à condition qu'il renoncerait au théâtre. Ses amis le pressaient de prendre sa retraite. « Vous vous tuerez », disait Boileau. Il répondait : « Mon honneur exige que je ne quitte point. »

Il mourut en héros.

Le vendredi 17 février 1673, il était plus malade que de coutume, On donnait ce soir-là la quatrième représentation du *Malade imaginaire*. On voulut lui persuader de ne pas jouer. « C'est impossible, dit-il, il y a cinquante pauvres ouvriers qui n'ont que leur journée pour vivre : que feront-ils si je ne joue pas? Je me reprocherais d'avoir négligé de leur donner du pain un seul jour, le pouvant faire absolument..... Mais, ajouta-t-il un instant après, qu'on soit prêt à quatre heures précises, car je ne pourrais pas répondre de moi si l'on jouait plus tard. » Il joua; mais il était à bout de ses forces. En prononçant le mot : *Juro*, dans la cérémonie, il lui prit une convulsion qu'il essaya de cacher sous un sourire. On le porta chez lui après la pièce. Il eut une quinte de toux si terrible qu'un vaisseau se rompit

1. G. Merlet, *Études littéraires sur les classiques français*, p. 201.

dans sa poitrine et il expira une heure environ après avoir quitté le théâtre, âgé de cinquante et un ans, un mois et deux jours.

Naturellement le clergé lui refusa la sépulture. Il fallut que sa veuve allât se jeter aux pieds du roi. L'archevêque ne se rendit qu'à la condition expresse que l'enterrement aurait lieu la nuit, et sans pompe. Et on enterra en cachette, comme un voleur, l'immortel auteur de *Tartufe*, le plus grand poète de la France, le plus grand auteur comique du monde.

Auger, dans son *Discours sur la Comédie*, raconte qu'en 1800 Kemble, le fameux acteur anglais, vint à Paris. « Les comédiens du Théâtre-Français lui firent fête, et, entre autres politesses, lui donnèrent un dîner splendide. On y parla beaucoup des grands auteurs et des grands acteurs qui ont illustré la scène de Paris et celle de Londres.

« Il était difficile qu'on n'en vînt pas à disputer un peu sur la prééminence de l'un ou de l'autre pays, en ce qui concerne l'art dramatique. Il s'agit d'abord de la tragédie. On dit, de part et d'autre, de fort belles choses sur les deux systèmes et sur les principaux chefs-d'œuvre auxquels ils ont donné naissance. De la question des ouvrages on passa bientôt à celle des hommes et des époques.

« Nos comédiens citaient avec orgueil le vieux Corneille. L'Anglais opposait, avec quelque avantage, Shakespeare, plus vieux encore. « Messieurs, disait-il à peu près, M. Corneille est sans doute un beau génie ; mais considérez qu'il était né d'un avocat général à la table de marbre de Rouen, qu'il avait reçu une excellente éducation, et qu'enfin Malherbe était déjà venu donner des lois à votre Parnasse. Shakespeare, au contraire, fils d'un pauvre marchand de laine du comté de Warwick, n'ayant fait presque aucune étude, longtemps réduit à garder des chevaux à la porte d'une salle de spectacle et vivant dans un siècle à demi barbare, Shakespeare tira tout de lui-même et s'éleva, sans aucun secours, à une telle hauteur que, dans les temps même de savoir et de politesse, il n'a été donné à personne de l'égaler. »

« Nos comédiens avaient sans doute d'excellentes raisons à opposer, et ils étaient gens à les bien faire valoir; mais la courtoisie les obligeant à ne point trop pousser l'étranger à qui ils faisaient honneur, ils semblaient perdre du terrain et renoncer à la victoire, lorsque Michot, venant au secours de la France qui périclitait, éleva solennellement la voix et dit à Kemble : « Fort bien, monsieur, fort bien; mais Molière? que dites-vous de celui-là? » Et Michot crut l'avoir atterré du coup. « Oh! pour Molière, répondit froidement l'Anglais, c'est autre chose. Molière n'est pas un Français. — Comment! que dites-vous donc là? Molière est un Anglais, peut-être? — Non, Molière n'est pas non plus un Anglais. — C'est fort heureux! Mais, enfin, qu'est-il donc? C'est un homme. — Ah! oui, comme dans *Tartufe :*

C'est un homme... qui... ah !... un homme... un homme, enfin !

— Je sais, je sais. Mais, non, messieurs, ce n'est pas là ce que je veux dire.

— Qu'est-ce donc? — Le voici. Je me figure, moi, que Dieu, dans sa bonté, voulant donner au genre humain le plaisir de la comédie, un des plus doux qu'il puisse goûter, créa Molière et le laissa tomber sur terre, en lui disant : « Homme, va peindre, amuser et, si tu peux, corriger tes semblables. » Il fallait bien qu'il descendît sur quelque point du globe, de ce côté du détroit, ou bien de l'autre, ou bien ailleurs. Nous n'avons pas été favorisés : c'est de votre côté qu'il est tombé. Qu'importe? Je soutiens qu'il est à nous aussi bien qu'à vous. Est-ce vous seulement qu'il a peints? est-ce vous seulement qu'il amuse? Non : il a peint tous les hommes, tous font leurs délices de ses ouvrages, et tous sont fiers de son génie.

« Les petites divisions de royaume et de siècles s'effacent devant lui. Tel ou tel pays, telle ou telle époque, n'ont pas le droit de se l'approprier. Il appartient à l'univers; il appartient à l'éternité. »

« On pense bien que nos comédiens n'eurent rien à répliquer. L'orgueil britannique, se condamnant à l'absurde plutôt que d'avouer notre avantage, et ne le niant que pour le mieux reconnaître, venait de rendre au génie de Molière et à la gloire de la France l'hommage le plus flatteur qu'ils pussent recevoir. »

Laissons l'Europe, laissons l'univers admirer Molière : mais réclamons-le bien haut pour Paris et pour la France : il est Français, il est Parisien, non seulement par sa naissance, mais aussi par son esprit, par sa raison et par son cœur.

Après Corneille et Racine on pouvait encore tenter du nouveau dans la tragédie, rendre la scène plus animée, l'action plus rapide, la représentation plus semblable à la réalité. Nous avons vu que ce triple changement a été l'œuvre de Voltaire. Après Molière on ne pouvait plus qu'imiter.

Regnard[1] fut de ces imitateurs l'esprit le plus facile et le plus gai. Né comme Molière à Paris, dans ce même quartier des Halles, non loin de l'hôtel de Bourgogne, il se mit tout jeune à courir le monde, moins pour étudier les mœurs des différents peuples que pour donner satisfaction à son désir d'aventures et à son besoin de mouvement. Il fut pris par les Barbaresques, emmené en esclavage à Alger, obligé de faire la cuisine. Après deux ans de captivité, il se racheta pour douze mille livres, et, dégoûté de la Méditerranée, il alla vers le Nord. Il voyagea en Flandre, en Hollande, en Danemark et en Suède : de là il passa jusqu'en Laponie. Après avoir lié connaissance

1. Jean-François Regnard, né à Paris en février 1655, mort au château de Grillon (Seine-et-Oise) le 4 septembre 1709.

1655 — J-.F. REGNARD — 1709

avec le lapon « petit animal de qui on peut dire qu'il n'y en a point, après le singe, qui approche le plus de l'homme, » il revint à Paris et s'installa non point au centre de la ville, mais dans une petite maison isolée, au bout de la rue Richelieu, dans l'endroit où l'on devait bâtir le faubourg Montmartre. Là il n'eut d'autre souci que de vivre joyeusement, faisant bonne chère, réunissant joyeuse compagnie et montrant le plus d'esprit possible.

Libre d'ambition, d'amour, de jalousie,
Cynique mitigé, je jouis de la vie.

Voilà une devise qui n'aurait pas plu à Molière. Ce n'est point ainsi que se forme le génie. Aussi n'y a-t-il point de génie dans les pièces de Regnard : mais, pour de la joyeuse humeur, il y en a.

Vous n'y trouverez pas de caractère véritablement créé. Le *Joueur* que Regnard a mis sur la scène n'est pas, à proprement parler, le véritable joueur : ce n'est qu'un jeune étourdi que l'âge corrigera. Mais à défaut de caractère, vous y verrez d'ingénieuses intrigues, des situations amusantes : vous y applaudirez des traits piquants. Vous y rirez enfin comme les personnages, comme l'auteur. Et quand on rit, il ne faut pas se plaindre.

Un critique prétendait que Regnard était un poète médiocre : « Il n'est pas médiocrement gai », répondit Boileau.

Marivaux [1] est un talent à part : ses comédies me rappellent les tableaux de Boucher ou de Watteau. Cela est délicat jusqu'à la mièvrerie, fin jusqu'à la subtilité. Peu d'intrigues : point de vives passions, d'obstacles sérieux ni de grandes luttes : mais de petites escarmouches, des chicanes de cœur, comme l'a dit Sainte-Beuve, des

1. Pierre Carlet de Chamblain de Marivaux, né à Paris le 4 février 1688, membre de l'Académie française en 1743, mort à Paris le 17 février 1763.

discussions sur une pointe d'aiguille, des malentendus adroitement prolongés.

Écoutez ces titres :

La Surprise de l'Amour,

La Double Circonstance,

Le Jeu de l'Amour et du Hasard,

Les Serments indiscrets,

Les Fausses confidences,

L'Épreuve.

Ce moraliste de salon, dans un style à la fois léger et précieux, qui a gardé son nom, n'a jamais vu dans les choses que la surface et dans l'humanité que les marquis élégants, poudrés et frivoles. La génération hardie et conquérante qui a suivi a fait oublier les analyses de ce bel esprit entêté du *fin*, qui ne voyait dans Voltaire que « la perfection des idées connues [1] » et qui n'admirait pas Molière.

« Le souffle vigoureux de la philosophie, écrivait Grimm en 1763, a renversé depuis une quinzaine d'années toutes ces réputations étagées sur des roseaux. »

Beaumarchais [2] fut de cette philosophie l'allié le plus spirituel et le plus audacieux. Quelle destinée bizarre que celle de Beaumarchais! Figaro seul, son héros, a eu plus d'aventures.

Fils d'un horloger, camarade de jeux des petites princesses de la cour, il s'en va dès sa jeunesse courir l'Espagne comme un personnage de roman ; un financier généreux lui fait sa fortune; il a un procès retentissant et dénonce au monde dans des *Mémoires* célèbres la vénalité

1. Voltaire, par contre, disait de Marivaux : « Il pèse des riens dans des balances de toile d'araignée. »

2. Pierre-Augustin Caron de Beaumarchais, né à Paris le 24 janvier 1732, mort dans la même ville le 19 mai 1799.

et la corruption de la magistrature du temps; il devient auteur comique et fait jouer les deux pièces qui ont fait le plus de bruit au XVIIIe siècle; il se jette sur la fin de sa vie dans de grandes entreprises commerciales et fournit des fusils aux États-Unis d'Amérique qui viennent de proclamer leur indépendance.

BEAUMARCHAIS

Aventurier, plaideur, financier, auteur dramatique, et il a été un des hommes les plus spirituels et les plus audacieux de France.

Son œuvre comique se compose uniquement du *Barbier de Séville* et du *Mariage de Figaro*. Le reste est plus faible, et on lui rend service en n'en parlant pas.

Ces deux comédies qui se suivent et se complètent, la seconde plus profonde et plus hardie que l'autre, sont toutes deux prodigieusement « follement » gaies.

« Il n'y a plus que vous qui osiez rire en face », disait-on à Beaumarchais. « Il avait le genre de la plaisanterie moderne, ce tour et ce trait aiguisé, qu'on aimait à la pensée depuis Voltaire; il avait la saillie, le pétillement continuel. Il combina ces qualités diverses et les réalisa dans des personnages vivants, dans un surtout qu'il anima et doua d'une vie puissante et d'une fertilité de ressources inépuisables[1]. »

1. Sainte-Beuve.

Figaro est un type immortel. Ce n'est plus le valet traditionnel de la comédie de Molière. « C'est un déclassé qui veut une place digne de lui dans la société. Comme Rousseau jeune il a fait tous les métiers et aucun ne lui a réussi; comme Gil Blas, il a cherché une position selon son goût et ses désirs, et il n'en a pas trouvé; mais il lui en faut une, et il la réclame avec emportement. Le temps de la résignation est passé; tout le monde sent et reconnaît que les choses ne peuvent durer ainsi, que l'esprit, l'intelligence, l'activité sont des forces réelles, bien supérieures à la naissance, aux titres, à la fortune: qu'on accepte donc Figaro[1] ! »

Et ce déclassé, comme il dit son fait à la société qui le repousse! Quelle satire vive et ardente et comme tous les traits portent! Voici pour les courtisans :

FIGARO

... J'étais né pour être courtisan.

SUZANNE

On dit que c'est un métier si difficile !

FIGARO

Recevoir, prendre et demander, voilà le secret en trois mots.

Voici pour tous les nobles : « Parce que vous êtes un grand seigneur, dit Figaro, vous vous croyez un grand génie!... Noblesse, fortune, un rang, des places, tout cela rend si fier! Qu'avez-vous fait pour tant de biens? Vous vous êtes donné la peine de naître, et rien de plus. »

Et ces phrases qu'on répète si souvent : « Que je voudrais bien tenir un de ces puissants de quatre jours, si légers sur le mal qu'ils ordonnent!

1. Paul Albert.

Quand une bonne disgrâce a cuvé son orgueil, je lui dirais... que les sottises imprimées n'ont d'importance qu'aux lieux où on en gêne le cours; que sans la liberté de blâmer, il n'est point d'éloge flatteur; et qu'il n'y a que les petits hommes qui redoutent les petits écrits. — Las de nourrir un obscur pensionnaire, on me met un jour dans la rue; et, comme il faut dîner, quoiqu'on ne soit plus en prison, je taille encore ma plume et demande à chacun de quoi il est question : on me dit que, pendant ma retraite économique, il s'est établi dans Madrid un système de liberté sur la vente des productions, qui s'étend même à celles de la presse, et que, pourvu que je ne parle en mes écrits ni de l'autorité, ni du culte, ni de la politique, ni de la morale, ni des gens en place, ni des corps en crédit, ni de l'Opéra, ni des autres spectacles, ni de personne qui tienne à quelque chose, je puis tout imprimer librement.... sous l'inspection de deux ou trois censeurs. »

Et Beaumarchais arracha au roi l'autorisation de dire tout cela au théâtre et la cour; les princes du sang et les princes mêmes de la famille royale vinrent écouter et applaudir. Dès le premier jour et cent fois de suite l'ancienne société vint (ô signe des temps!) assister avec transport à cette gaie, folle et insolente moquerie d'elle-même, prendre, comme dit Sainte-Beuve, une magnifique part à sa propre mystification, et s'incliner devant l'audace et l'esprit tout parisiens de ce Figaro, dont Napoléon Ier devait dire « qu'il était déjà la révolution en action »!

Avant Beaumarchais il eût fallu citer Sedaine [1], le bon Sedaine, l'ami des philosophes, Sedaine, artisan illettré, qui laissa l'équerre et la truelle pour bâtir des pièces de théâtre et appliqua les idées de

1. Michel-Jean Sedaine, né à Paris le 4 juillet 1719, mort dans la même ville le 17 mai 1797. Il fut élu membre de l'Académie française en 1786.

Diderot sur la comédie bourgeoise avec un bon sens et un naturel exquis.

C'est à Diderot de toutes façons que nous devons Sedaine : il le conseilla, l'encouragea, le prôna et fit apprécier ce talent qui s'ignorait lui-même et qui, devinant par instinct les secrets de l'art, a donné à l'Opéra *Aline, reine de Golconde ;* à l'Opéra-Comique le *Déserteur* et *Richard Cœur de Lion*, à la Comédie française le *Philosophe sans le savoir*.

PICARD

Quand nous aurons encore nommé Picard [1], le meilleur auteur comique du premier empire, laborieux écrivain d'une imagination infatigable, peintre amusant de la vie familière, Eugène Scribe [2], le plus fécond des vaudevillistes, le plus habile faiseur de poèmes d'opéras ou d'opéras-comiques, et Théodore Barrière [3], l'auteur de la célèbre comédie les *Faux bonshommes*, l'on verra que jusqu'à l'époque contemporaine, parmi les auteurs comiques célèbres, il n'en est pas un qui ne soit né à Paris.

1. Louis-Benoit Picard, né à Paris le 29 juillet 1769, mort dans la même ville le 31 décembre 1828. Il fut élu membre de l'Académie française en 1807.

2. Augustin-Eugène Scribe, né à Paris le 24 décembre 1791, mort dans la même ville le 20 février 1861. Il avait été élu membre de l'Académie française en 1835.

3. Né à Paris en 1823, mort dans la même ville le 16 octobre 1877.

III

LES PROSATEURS

MADEMOISELLE DE GOURNAY. — LA ROCHEFOUCAULD. — MADAME DE LA FAYETTE. — MADAME DE SÉVIGNÉ. — LA BRUYÈRE. — CYRANO DE BERGERAC. — CHARLES PERRAULT. — SAINT-SIMON. — BACHAUMONT. — D'ARGENSON. — VOLTAIRE. — MADAME GEOFFRIN. — MADAME DE STAEL. — PAUL-LOUIS COURIER. — MADAME DE RÉMUSAT. — L. VITET. — PROSPER MÉRIMÉE. — GEORGE SAND. — EUGÈNE SUE. — TOCQUEVILLE. — ÉDOUARD LABOULAYE. — HENRI MURGER. — PAUL DE SAINT-VICTOR. — PRÉVOST-PARADOL.

Nous parlerons dans ce chapitre de tous les grands écrivains parisiens qui n'ont été à proprement parler ni des poètes, ni des auteurs dramatiques, ni des historiens, ni des philosophes : nous y mêlerons les romanciers, les conteurs, les moralistes, les auteurs de mémoires, que Paris a donnés à la littérature française.

Mademoiselle de Gournay [1], issue d'une race de pauvres gentils-

1. Marie de Jars de Gournay, née à Paris vers 1566, morte le 13 juillet 1645.

hommes, montra dès l'enfance un goût irrésistible pour les sciences. Elle apprit le latin seule et sans grammaire et prit même quelques connaissances du grec. Nulle science n'était pour elle trop profonde : histoire, morale, mathématiques, grammaire, elle approfondit tout. Elle se livra même à l'alchimie et rechercha la pierre philosophale : ne lui en faisons pas un trop grand reproche; d'abord parce que l'esprit du temps favorisait cette crédulité, ensuite parce qu'elle ne s'obstina point dans cette folie ; et considérons enfin que les alchimistes ont ouvert la voie aux chimistes.

A dix-huit ans elle lut les *Essais* de Montaigne, et ce beau livre lui fit une telle impression qu'elle voulut en connaître l'auteur. Se trouvant à Paris, avec sa mère, en 1588, au moment où Montaigne s'y était également rendu pour réimprimer son livre, elle lui envoya dire en quelle haute estime elle le tenait. Il la vint voir dès le lendemain, « lui présentant l'affection et l'alliance de père à fille ». Dès lors mademoiselle de Gournay porta avec joie et orgueil le titre de *fille d'alliance* de Montaigne. Son affection survécut à la mort du philosophe qui survint en 1592, alors qu'elle n'avait que vingt-six ans. Elle publia deux éditions in-folio des *Essais*, qui sont savantes et fidèles. Elle cultiva les lettres dans sa longue vie, ne se maria pas, et seule, pauvre, donna l'exemple d'une haute sagesse. Son seul tort, au déclin, fut d'aimer un peu trop les vieux mots et les façons de parler qui dataient de son enfance ; en sorte qu'elle parlait comme sa grand'-mère. Ce tort est bien pardonnable chez une vieille personne qui a tout perdu. Le nom de Marie de Gournay, uni à celui de Michel de Montaigne, traversera les âges avec honneur.

François de La Rochefoucauld est à la fois un auteur de *Mémoires* et un moraliste.

Né à Paris le 15 septembre 1613[1], entré dans le monde dès l'âge de seize ans, le duc de La Rochefoucauld n'avait pas étudié et ne mêlait à sa vivacité d'esprit qu'un bon sens naturel qui ne l'empêcha pas de faire des folies. Vers 1637, il avait alors vingt-quatre ans, la reine Anne d'Autriche, persécutée par le cardinal de Richelieu et par le roi, lui proposa, à ce qu'il raconte dans ses *Mémoires*, de l'enlever avec Mademoiselle de Hautefort et de les emmener à Bruxelles : « Quelque difficulté, ajoute-t-il, et quelque péril qui me parussent dans un tel projet, je puis dire qu'il me donna plus de joie que je n'en avais eu de ma vie. J'étais dans un âge où l'on aime à faire des choses extraordinaires et éclatantes et je ne trouvais pas que rien le fût davantage que d'enlever la reine au roi son mari et au cardinal de Richelieu qui en était jaloux, et d'ôter Mlle de Hautefort au roi qui en était amoureux. »

LA ROCHEFOUCAULD

Toutes ces fabuleuses intrigues finirent pour lui par huit jours de Bastille et un exil de deux à trois ans à Verteuil. C'était en être quitte à bon compte avec Richelieu. Mais ces années de retraite forcée furent très pénibles pour le jeune duc. Son caractère s'y aigrit et, pour se punir d'avoir été trop romanesque et trop crédule, il se condamna à douter de tout. La guerre de la Fronde, dans laquelle il s'était jeté avec

1. Jal a publié, dans son *Dictionnaire critique*, l'acte de naissance de La Rochefoucauld et rectifié ainsi les biographes qui fixaient la date au 15 décembre 1613 et ne connaissaient pas le lieu de naissance.

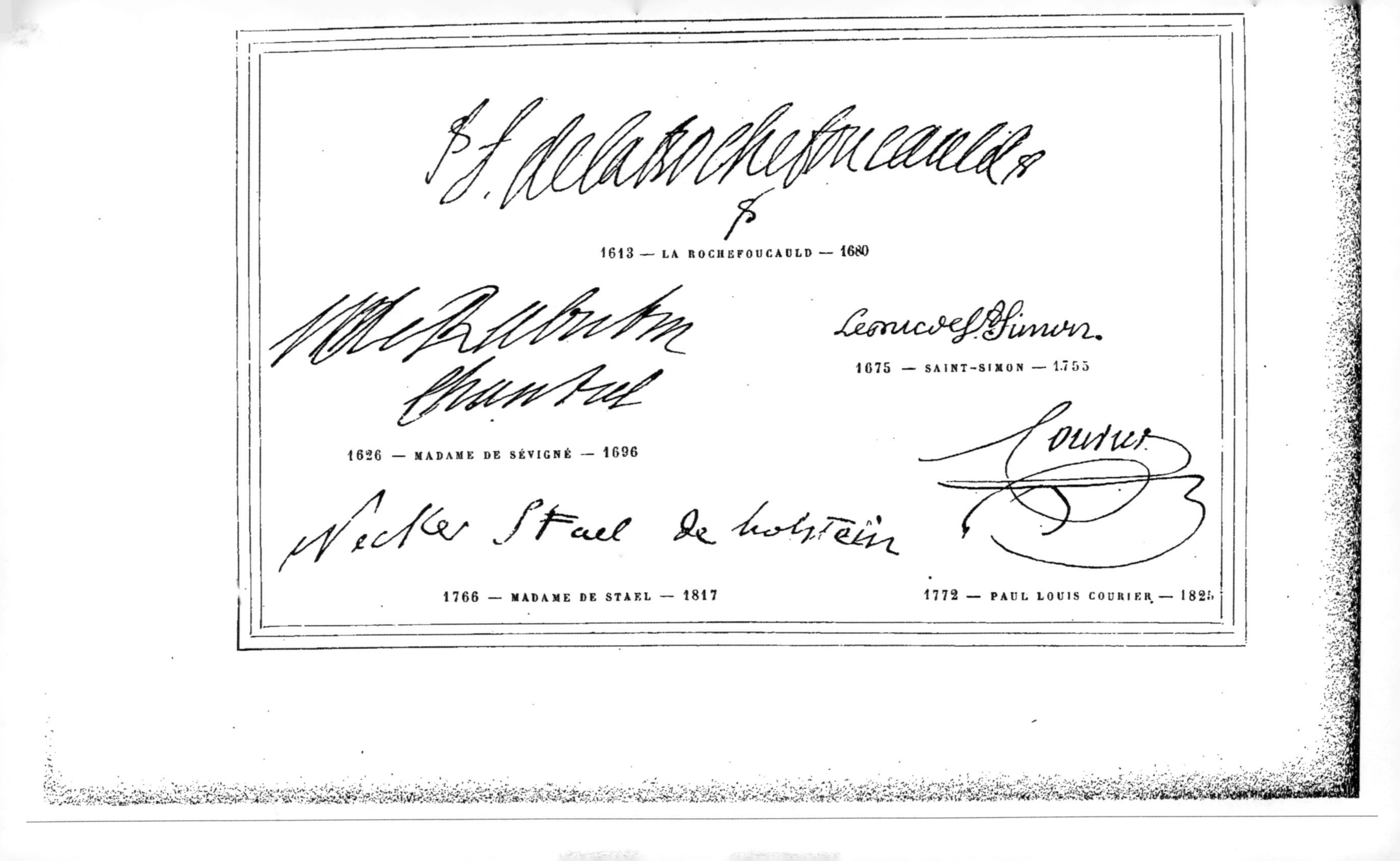

1613 — LA ROCHEFOUCAULD — 1680

1626 — MADAME DE SÉVIGNÉ — 1696

1675 — SAINT-SIMON — 1755

1766 — MADAME DE STAEL — 1817

1772 — PAUL LOUIS COURIER — 1825

ardeur pour se venger de la dureté de la cour et de l'ingratitude de la reine, ne fit qu'ébrécher sa fortune et ruiner sa santé.

Abandonné par la duchesse de Longueville, défiguré au combat du faubourg Saint-Antoine par une mousquetade qui faillit lui faire perdre la vue, voyant tomber les unes après les autres toutes les espérances de fortune politique qu'il avait successivement formées, il se vengea de l'humanité qui l'avait méconnu en publiant ses *Maximes*.

Ces *Maximes* si fines, si brillantes, ne sont qu'une perpétuelle variante de cette pensée que les actions humaines n'ont pour mobile que l'amour-propre. Toutes les passions qui semblent agiter l'homme d'une façon si diverse et souvent contradictoire, La Rochefoucauld les ramène à cette passion générale et dominante. Analysez l'amour, l'amitié, la sympathie, la bienveillance, la générosité même : au fond, vous ne trouverez que l'égoïsme. C'est cet égoïsme qui « rend les hommes idolâtres d'eux-mêmes et les rendrait les tyrans des autres, si la fortune leur en donnait les moyens ; » c'est lui qui « ne se repose jamais hors de soi et ne s'arrête dans les sujets étrangers que comme les abeilles sur les fleurs pour en tirer ce qui lui est propre. » « L'amour-propre, ajoute La Rochefoucauld, est tous les contraires, il est impérieux et obéissant, sincère et dissimulé, miséricordieux et cruel, timide et audacieux; il a différentes inclinations, selon la diversité des tempéraments qui le tournent et le dévouent tantôt à la gloire, tantôt aux richesses et tantôt aux plaisirs. Il en change selon le changement de nos âges, de nos fortunes et de nos expériences... Il est dans tous les états de la vie et dans toutes les conditions, il vit partout, il vit de tout, il vit de rien. » Tout le reste du livre est le développement de cette page.

C'est pourquoi c'est au fond un livre triste. Quand on commence à parcourir les *Maximes* on trouve d'abord un singulier plaisir à y voir si bien démêlés les secrets ressorts de nos déterminations, à y découvrir des vues si ingénieuses et si justes, à y considérer étalées au grand jour ces vérités compromettantes qu'on cache toujours aux autres et à soi-même autant qu'on peut. Mais, quand on s'aperçoit que l'auteur ne nous accorde pas seulement un noble sentiment, pas une idée généreuse, que son système est une condamnation absolue de notre nature et que nous ne pouvons pas l'admettre sans nous mépriser du même coup, alors on se révolte, on se détourne d'un homme qui juge ainsi les hommes, et on s'écrie : Ce n'est pas là la morale de l'humanité, c'est la morale de la Fronde !

La Fronde, elle aussi, plaît d'abord avec ces folles équipées, ces grands noms, ces puissants seigneurs et ces belles dames, ces boudoirs parfumés où l'on fait de gros complots en soupirant d'amour, ces tendres regards qui conquièrent des cœurs au parti, ces héroïnes en dentelles qui tirent le canon, ces armées enrubannées, empanachées, ces rires, ces chansons. Mais on s'aperçoit bientôt que tout ce tumulte, tout cet éclat ne cachent que de froides ambitions, que ces soupirs sont souvent menteurs, ces œillades souvent trompeuses, que tous ces hommes sont aussi petits que leurs noms sont grands, et que, si le peuple chante, c'est souvent pour tromper sa faim. L'intérêt seul agite et gouverne cette aristocratie dégénérée qui osait réclamer au roi ce qu'elle appelait ses privilèges, parce qu'il n'était qu'un enfant, qui se plaignait des impôts pour avoir le droit d'en lever, du ministre pour le remplacer et qui le plus souvent ne criait tant que pour se vendre plus cher. L'intérêt seul soulève les parlementaires, irrités de ce qu'on veut leur faire acheter le droit de transmettre leurs charges, alors que toutes les autres mutations de propriété sont frappées d'un impôt : ils crient à la tyrannie dans l'intérêt d'un monopole, et ils déclament contre l'oppression du peuple parce qu'on les force de prendre leur part des charges qui l'accablent.

A une société comme celle-là peuvent bien s'appliquer ces maximes de La Rochefoucauld : « Tout ce qui paraît générosité n'est souvent qu'une ambition déguisée », ou : « Le monde n'est composé que de mines! »

Le tort ou, si l'on veut, l'erreur du moraliste a été d'étendre à toutes les sociétés ce qui n'est vrai que de la sienne, à tous les temps ce qui n'est vrai que du sien. Heureusement pour nous cette société qu'il a bien jugée a disparu ou tend à disparaître. Heureusement pour nous cette période de onze années, qui s'appelle la Fronde, n'a été qu'une tache dans notre histoire. C'est la dernière agonie de deux forces qui avaient fait leur temps : le Parlement et la noblesse, et ce serait faire injure à notre monde nouveau que de chercher dans cette pitoyable coalition d'intérêts particuliers, une anticipation et comme une aurore de la grande Révolution qui nous a aits ce que nous sommes.

La Rochefoucauld ne sera jamais un moraliste populaire : les célibataires aigris, les ambitieux tombés, les fanfarons désabusés auront plaisir à lire ses réflexions morales. « Moi, dit excellemment Sainte-Beuve, qu'importe si aujourd'hui j'ai paru y croire ? demain, ce soir, la seule vue d'une famille excellente et unie les dissipera.

» Une mère qui allaite, une aïeule qu'on vénère, un noble père attendri, des cœurs dévoués et droits, non alambiqués par l'analyse, les fronts hauts des jeunes hommes, les fronts candides et rougissants des jeunes filles, ces rappels directs à une nature franche, généreuse et saine, recomposent une heure vivifiante et toute subtilité de raisonnement a disparu. »

Si nous sommes sévères pour le fond des *Maximes*, nous ne pouvons qu'en admirer la forme, qui est parfaite. Voltaire dit qu'aucun livre ne contribua davantage à former le goût de la nation : « Il accoutuma, ajoute-il, à penser et à renfermer ses pensées dans un tour vif, précis et délicat; c'était un mérite que personne n'avait eu avant lui, depuis la Renaissance des lettres. »

Nous ne dirons qu'un mot des *Mémoires* qui avaient paru avant les Maximes et qui sont l'histoire de la Fronde, comme les *Maximes* en sont la philosophie. Ce ne sont point là de ces Mémoires militaires où l'on sent encore le frémissement d'une main qui a tenu l'épée : cela est distingué, élégant, un peu froid. Quoiqu'il s'y flatte un peu, La Rochefoucauld s'y fait bien connaître : on le retrouve tel que le peignait son ancien ennemi le cardinal de Retz : « Il y eut toujours du je ne sais quoi, disait-il, en tout M. de La Rochefoucauld. » Du *je ne sais quoi :* c'est-à-dire de l'insuffisant et de l'incomplet. Il fut un causeur spirituel, mais il se sentait tellement incapable de parler en public qu'il ne voulut pas entrer à l'Académie par peur du discours de réception. Il se battait bien par honneur, mais il ne fut pas homme de guerre. Réfléchi jusqu'à l'irrésolution et scrupuleux jusqu'à la faiblesse d'esprit, il ne fut pas non plus un véritable homme de parti. Entrant aisément dans une affaire et en sortant de même, commençant par calcul cette longue liaison qu'il eut avec Madame de Longueville, la continuant par amour, puis par habitude et par politesse, obéissant successivement à tous les mobiles, ni guerrier, ni politique, ni courtisan avec ses qualités imparfaites de courtisan, de politique et de guerrier, il fut le plus parfait modèle de cette aristocratie frivole qui ne cessait de se mêler d'intrigues sans en pousser une à fond et n'avait rien dans sa mobilité constante où elle sut et put s'arrêter.

Dans la vie privée il fut un honnête homme, Retz le reconnaît : il faut bien que ce soit vrai. Madame de Sévigné nous apprend que « le cœur de M. de La Rochefoucauld pour sa famille fut une chose incomparable. » Ses dernières années s'écoulèrent tranquilles ; il mourut le 17 mars 1680, avant ses soixante-sept ans accomplis.

Ses dernières années avaient été charmées par l'amitié d'une femme supérieure, de mœurs irréprochables, d'un caractère aimable, d'un esprit fin et délicat : Madame de La Fayette[1]. Cette savante, qui avait appris le latin avec Rapin et Ménage, n'eut rien de pédant : cette étoile de l'hôtel de Rambouillet n'eut rien de *précieux*. Sa « divine raison », son sentiment du vrai la préservèrent des travers de son époque, en un temps où l'on goûtait fort les aventures extravagantes, les sentiments faux et les fades allégories. Elle fit un chef-d'œuvre de simplicité, de tendresse et de grâce : *la Princesse de Clèves*. C'est l'histoire d'une jeune femme aimée par un brillant cavalier, et qui l'aime : elle se défie d'elle-même, elle veut fuir le péril et, pour se donner des forces, elle va jusqu'à faire part à son mari de ses sentiments et de ses craintes. Son mari est une âme loyale et bonne : il la rassure et la console ; mais quelques jours après, trompé par une démarche imprudente, il se croit trahi par sa femme et meurt de chagrin. Rien ne sépare plus les deux amants : M. de Nemours vient supplier à genoux Madame de Clèves de lui accorder sa main : Madame de Clèves lui laisse deviner pour la première fois qu'elle l'aime : « Je veux bien que vous le sachiez, lui dit-elle, et je trouve de la douceur à vous le dire. Mais cet aveu n'aura point de suite et je suivrai les règles austères que mon devoir m'impose... Il n'est que trop véritable que vous êtes cause de la mort de M. de Clèves : les soupçons que lui a donnés votre conduite inconsidérée lui ont coûté la vie comme si vous la lui aviez ôtée de vos propres mains. Voyez ce que je devrais faire, si vous en étiez venus ensemble à ces extrémités, et que le même malheur en fût arrivé. Je sais bien que ce n'est pas la même chose à l'égard du monde ; mais, au mien, il n'y a aucune différence, puisque je sais

1. Marie-Madeleine Pioche de la Vergne, comtesse de La Fayette, née à Paris en mars 1634, morte dans la même ville en mai 1693.

que c'est par vous qu'il est mort, et que c'est à cause de moi. »

Ce fut leur dernier entretien : Madame de Clèves se retira du monde; ni les supplications de M. de Nemours, ni les instances de la reine ne purent jamais la faire revenir sur sa décision : elle voulut savourer jusqu'au bout l'amertume de son sacrifice.

« Comme œuvre littéraire, *la princesse de Clèves* était plus qu'une nouveauté, c'était presque une révolution. Le roman cessait par là d'être le mensonge de l'histoire et de la passion ; il entrait enfin dans la vérité, il devenait humain dans ses proportions et dans ses peintures [1]. »

Auguste Comte a compris la *Princesse de Clèves* dans la *Bibliothèque positiviste*. Il aimait cette douce mélancolie répandue sur l'ouvrage, qui est comme l'écho affaibli d'une plainte étouffée : il y admirait ce tableau de la passion en lutte avec la vertu, cette femme tendrement éprise qui trouve la force de rester pure, et qui la trouve, non dans les considérations d'un ordre surnaturel, non dans la crainte des châtiments du ciel, mais dans la droiture de son cœur, dans le simple sentiment de ses devoirs.

Après Madame de La Fayette, une autre femme : Madame de Sévigné [2].

Fille unique de M. de Rabutin, baron de Chantal, et de Marie de Coulanges, elle connut à peine son père, qui fut tué en combattant contre les Anglais dans l'île de Ré, en 1627, et perdit sa mère à l'âge de six ans. Elle fut élevée par son oncle, le bon abbé de Coulanges. Elle reçut de bonne heure une instruction solide, et apprit, sous la direction de Chapelain et de Ménage, le latin, l'italien et l'espagnol. A dix-huit ans, elle épousa le marquis Henri de Sévigné, d'une très

1. Gérusez.

2. Marie de Rabutin-Chantal, marquise de Sévignée, née à Paris le 6 février 1626, morte à Grignan (Drôme) le 18 avril 1696.

ancienne famille de Bretagne, et maréchal de camp. Mais cette union était mal assortie et ne fut pas heureuse : le marquis, homme de plaisir, la négligea beaucoup, la ruina à moitié et finit par se faire tuer en duel pour les beaux yeux d'une de ses maîtresses. Madame de Sévigné, libre à vingt-cinq ans, avec un fils et une fille, ne songea pas à se remarier. Elle aimait à la folie ses enfants, surtout sa fille : elle travailla à réunir pour eux les débris de sa fortune et surtout à leur donner une bonne éducation. Elle ne se renferma pas pour cela dans la retraite : elle alla dans le monde, elle y sema autour d'elle des passions auxquelles elle prit à peine garde et conserva généreusement son amitié à ceux dont elle ne voulait pas accepter l'amour. « C'était, dit Sainte-Beuve, une blonde rieuse, fort enjouée et badine ; les éclairs de son esprit passaient et reluisaient dans ses prunelles changeantes, et, comme elle le dit elle-même dans ses *paupières bigarrées.* »

MADAME DE SÉVIGNÉ

Les salons se la disputaient ; pour elle, elle ne pensait qu'à une chose : au jour où elle pourrait introduire dans ces salons sa fille adorée.

Ce jour tant souhaité arriva enfin : *la plus jolie fille de France*, comme l'appelait sa mère, eut dans la belle société un succès éclatant; les gens du monde louèrent sa beauté, les poètes célébrèrent son esprit; jamais l'orgueil maternel de Madame de Sévigné n'avait été à pareille fête. Mais son bonheur ne devait pas durer. Cette fille, « dont elle

L'HOTEL CARNAVALET

faisait, comme le lui disait un Arnauld, une idole dans son cœur », fut demandée en mariage par M. de Grignan, lieutenant-général de la Provence, qui emmena bientôt sa femme dans son gouvernement.

Madame de Sévigné resta seule, séparée de celle « qu'elle aimait mieux que tout le reste du monde », destinée à ne la revoir que pendant un temps fort court après des intervalles très longs ; elle essaya de se consoler en se rendant présente auprès de sa fille par une sorte de conversation à distance, par une correspondance de tous les instants qui dura jusqu'à sa mort, et qui comprend l'espace de ngt-cinq années.

C'est cette correspondance qui a fait la gloire de Madame de Sévigné.

Elle ne s'en doutait certainement pas. Elle écrivait d'ordinaire au courant de la plume et mettait le plus de choses qu'elle pouvait; quand l'heure pressait, elle se relisait à peine. « En vérité, disait-elle, il faut un peu entre amis laisser trotter les plumes comme elles veulent : la mienne a toujours la bride sur le cou. » Tout ce qu'elle voulait, c'est que sa fille fût bien informée de tout ce qui se passait à Paris et à Versailles et qu'elle put vivre un moment au fond de sa province de la vie de *la cour et de la ville*.

Aussi n'y a-t-il pas d'événement de quelque importance qu'elle n'ait rapporté et jugé : il n'y a pas un homme célèbre de l'époque de Louis XIV qu'elle n'ait vu, connu et apprécié. Ses lettres sont une ravissante chronique : l'histoire et les cancans du jour, les cérémonies, même les visites, les mariages, les naissances, les morts, les prises de voile, les sermons, les pièces de théâtre, les livres, les querelles de salon, les intrigues de cour, les élévations subites et les disgrâces imprévues, les cabales littéraires, les controverses philosophiques et religieuses, tout cela est raconté avec vivacité, avec légèreté, avec une grâce infinie et un esprit charmant. « Tendre, enjouée, rêveuse, malicieuse, compatissante, pathétique et parfois sublime sans y penser, elle est également prompte au sourire et aux larmes, elle raille avec amertume, elle badine sans licence comme sans pruderie, elle prend le ton des sujets les plus divers avec une souplesse et un abandon qui défient l'art le plus accompli. Parmi les françaises illustres dont la postérité se souvient, nulle ne lui est supérieure par l'imagination, la sensibilité, la verve d'une gaieté qui coule de source, la franchise d'un naturel ennemi de toute affectation et de toute grimace[1]. »

Sa correspondance est l'incomparable chef-d'œuvre du genre

1. Merlet, *Classiques français*.

épistolaire. Elle prouve que, dans les choses où les femmes sont supérieures, elles le sont aux hommes les plus habiles.

Cyrano de Bergerac [1] fut un esprit plein de verve et de bizarrerie. Il se fit dès l'âge de quinze ans une réputation de querelleur et de duelliste. Il embrassa la carrière militaire, mais il dut la quitter en 1614 par suite d'une blessure reçue au siège d'Arras. Il étudia alors la philosophie et fut le condisciple de Molière. Il écrivit une tragédie, *Agrippine*, où on trouve des passages vigoureusement frappés et une comédie, *le Pédant joué*, à laquelle Molière emprunta deux des scènes des *Fourberies de Scapin*, particulièrement le fameux *Qu'allait-il faire dans cette galère?* Mais l'œuvre capitale de Cyrano de Bergerac est intitulée: *Histoires comiques des États et Empires de la Lune*. A côté de bizarreries et d'extravagances, on rencontre dans ce livre des idées hardies qui ont fait considérer Cyrano de Bergerac comme un des précurseurs de la science moderne.

On a cru longtemps que Jean de La Bruyère était né à Dourdan entre 1639 et 1646. Nous savons aujourd'hui, par son extrait de baptême, qu'on a retrouvé, qu'il est né à Paris, dans la Cité, au mois d'août 1645. Il était fils de Louis de La Bruyère, contrôleur des rentes; son oncle et parrain, Jean de La Bruyère, était secrétaire du roi. Nous le voyons d'abord élève de l'Oratoire; à vingt ans, il va prendre à Orléans ses degrés de licence en droit; il est avocat à Paris de 1666 à 1673; puis il quitte le barreau et achète un office de trésorier des finances dans la généralité de Caen. Cet office était une sinécure, et, tout en le conservant, La Bruyère put demeurer à Paris. Il y vivait tranquillement, consacrant la meilleure partie de ses journées à la

1. Né à Paris en 1620, mort dans la même ville en 1655.

réflexion et à l'étude, s'exerçant à écrire, quand, en 1684, Bossuet, qui le connaissait et l'appréciait, le fit agréer au grand Condé pour enseigner l'histoire à son petit-fils, le duc de Bourbon.

Quel était le caractère de cet élève, Saint-Simon nous le dit : « Il était d'un jaune livide, l'air presque toujours furieux, mais en tout temps si fier, si audacieux, qu'on avait peine à s'accoutumer à lui. Il avait de l'esprit…, de la politesse et des grâces même quand il voulait, mais il voulait très rarement… Sa férocité était extrême et se montrait en tout. C'était une meule toujours en l'air, qui faisait fuir devant elle, et dont ses amis n'étaient jamais en sûreté, tantôt par des insultes extrêmes, tantôt par des plaisanteries cruelles en face, etc. ». Ce même *Monsieur le duc* devait plus tard empoisonner le pauvre poète Santeul, si naïf, si ingénu, si bon convive, en vidant dans son verre, par manière de plaisanterie, une tabatière de tabac d'Espagne. Tout le reste de la famille était à l'avenant. On devine combien La Bruyère dut avoir de peine à sauvegarder sa dignité dans une pareille maison.

Tout en accomplissant avec conscience la tâche qu'il avait acceptée, il se déroba à la familiarité toujours humiliante des grands seigneurs au milieu desquels il vivait : il se retira à l'écart, dans quelque coin un peu sombre, et de là, pour se distraire, il se mit à examiner les types divers qui passaient sous ses yeux.

Lorsque son trésor de réflexions et de portraits fut assez considérable, il alla chez un libraire nommé Michallet chez lequel il venait presque tous les jours feuilleter les nouveautés et jouer avec une enfant fort gentille, fille du libraire, qu'il avait prise en amitié. Il tira son manuscrit de sa poche et lui dit : « Voulez-vous imprimer ceci? je ne sais si vous y trouverez votre compte, mais, en cas de succès, le produit sera pour ma petite amie. » Le libraire, plus incertain de la réussite que l'auteur, entreprit l'édition.

Et *la petite amie* eut une dot de 300 000 francs.

Dans toute l'histoire de notre littérature on ne trouverait peut-être pas un ouvrage dont le succès ait été plus vif que celui des *Caractères* de La Bruyère. Il en fit lui-même neuf éditions, dont les trois premières dans la même année. Les six autres, successivement corrigées, remaniées et augmentées, furent le travail constant et exclusif du reste de sa vie. La gloire soudaine qui lui vint ne l'éblouit pas : il savait bien qu'il aurait pu ne point l'avoir et ne pas valoir moins pour cela. Il avait dit dans sa première édition : « Combien d'hommes admirables et qui avaient de très beaux génies sont morts sans qu'on en ait parlé ! Combien vivent encore dont on ne parle point et dont on ne parlera jamais ! » Loué, attaqué, recherché, il se trouva peut-être moins heureux qu'avant son succès, comme le fait bien remarquer Sainte-Beuve, et regretta sans doute à certains jours d'avoir livré au public une si grande part de son secret.

LA BRUYÈRE

Il eut à se défendre à la fois contre ses victimes, contre ses envieux, contre ses imitateurs et surtout contre ceux qui, dans leur malignité indiscrète, voulaient mettre sur tous ses portraits des noms de personnages vivants. L'Académie, dont plusieurs membres s'étaient sentis atteints par les satires du moraliste, fit beaucoup de difficultés pour le recevoir dans son sein. Pourrait-on croire que c'est au sujet de La Bruyère qu'on a composé la fameuse épigramme :

Quand La Bruyère se présente,
Pourquoi faut-il crier haro ?
Pour faire un nombre de quarante,
Ne fallait-il pas un zéro ?

Il fut enfin admis dans cette compagnie en 1693 ; mais il n'en fut pas membre pendant longtemps : il mourut subitement d'apoplexie en 1696, et disparut ainsi en pleine gloire.

« La Bruyère n'est peut-être pas du premier ordre des écrivains : je n'oserais pas le mettre dans ce chœur d'élite où figure un si petit nombre d'hommes éloquents; il est trop artiste; il ne se sert pas seulement des paroles, il les aime pour elles-mêmes; c'est un ciseleur de phrases sans pareil ; il creuse profondément la langue, il taille ses mots, il les polit ; il donne à son style un fini merveilleux; tout est calcul, tout est travail, tout est art dans son œuvre [1]. »

Il en résulte que, l'artiste paraissant trop dans l'écrivain, on n'y sent plus assez l'homme. La Bruyère, comme auteur, peut plaire autant et plus que les autres moralistes, mais il laisse une impression moins profonde. Vous admirez la vérité et l'habileté de la peinture; le peintre vous reste indifférent.

Il y a cependant des passages dans *Les Caractères* qui font bien voir que l'indifférence dans laquelle La Bruyère prétend se retrancher n'est qu'une indifférence d'emprunt et comme un masque. Alors sous l'écrivain qui ne veut montrer que son esprit on devine l'homme de cœur.

« Il faut des saisies de terre, des enlèvements de meubles, des pri-

1. Silvestre de Sacy.

sons et des supplices, je l'avoue; mais justice, lois et besoins à part, ce m'est une chose toujours nouvelle de contempler avec quelle férocité les hommes traitent les autres hommes. » Que de réformes poursuivies depuis lors et non encore menées à fin contient cette parole. La Bruyère s'étonne comme d'une *chose toujours nouvelle* de ce qui semblait très naturel et même drôle à Madame de Sévigné[1] qui était pourtant de toutes les dames de la haute société une des plus sensibles et des plus compatissantes : le XVIIIe siècle, qui s'étonnera de tant de choses, s'avance.

On connaît ce beau passage sur l'inégalité des conditions humaines : « Il y a des misères sur la terre qui saisissent le cœur : il manque à quelques-uns jusqu'aux aliments ; ils redoutent l'hiver ; ils appréhendent de vivre. L'on mange ailleurs des fruits précoces ; l'on force la terre et les saisons, pour fournir à sa délicatesse. Des hommes, seulement à cause qu'ils étaient riches, ont eu l'audace d'avaler en un seul morceau la nourriture de cent familles. Tienne qui pourra contre de si grandes extrémités ! »

Rappelons aussi cette page sublime du chapitre *de l'homme* :

« L'on voit certains animaux farouches, des mâles et des femelles, répandus par la campagne, noirs, livides et tout brûlés du soleil, attachés à la terre qu'ils fouillent et qu'ils remuent avec une opiniâtreté invincible : ils ont comme une voix articulée ; et quand ils se lèvent sur leurs pieds, ils montrent une face humaine ; et en effet, ils sont des hommes. Ils se retirent la nuit dans des tanières, où ils vivent de

1. Elle écrivait après un soulèvement en Bretagne qui fut très durement réprimé : « Les mutins de Rennes se sont sauvés depuis longtemps ; ainsi les bons partiraient pour les méchants ; mais je trouve tout fort bon, pourvu que les quatre mille hommes de guerre qui sont à Rennes ne m'empêchent point de me promener dans mes bois qui sont d'une hauteur et d'une beauté merveilleuse... On a pris soixante bourgeois, on commence demain à pendre, » et ailleurs : « Vous me parlez bien plaisamment de nos misères : nous ne sommes plus si roués ; un en huit jours seulement pour entretenir la justice : la *penderie* me paraît maintenant un rafraîchissement. »

pain noir, d'eau et de racines; ils épargnent aux autres hommes la peine de semer, de labourer et de recueillir pour vivre, et méritent ainsi de ne pas manquer de ce pain qu'ils ont semé! »

CHARLES PERRAULT

Celui qui a eu pitié du peuple en un temps où l'on traitait le peuple comme une bête de somme qui ne sent pas le mal, celui qui a eu le courage de dire à une époque où la dévotion officielle envahissait tout : « Un dévot est celui qui sous un roi athée serait athée », celui-là, quoiqu'on en dise, n'est ni un cœur sec ni un esprit timide.

Charles Perrault[1], que nous avons déjà rencontré parmi les poètes, vivra moins par ses vers que par ses charmants *Contes de fée*. La Belle au bois dormant, Riquet à la houppe, Peau d'Ane, Cendrillon, le Chat botté, le Petit Chaperon Rouge, la Barbe-Bleue, le Petit Poucet, qu'ajouter au titre de ces petits chefs-d'œuvre ? Sans doute Perrault a emprunté bon nombre de ces récits aux traditions populaires et il n'a guère fait que rédiger par écrit ce que de tout temps les nourrices et les mères-grands ont raconté. Mais cette rédaction est simple, courante, légère, malicieuse quelquefois dans sa bonne foi naïve : « elle est telle que tout le monde la répète et croit l'avoir trouvée. » C'est là qu'on reconnaît les bons écrivains et les bons esprits.

« Saint-Simon, dit M. Nisard[2], voilà un auteur qui eût été bien surpris si on lui avait dit qu'un siècle après sa mort, on le priserait non comme le meilleur défenseur qu'ait eu le parti des ducs et des pairs, mais comme un grand écrivain. Cette gloire ne le tenta pas, il ne s'y croyait pas propre. « Je ne fus jamais un sujet académique », dit-il à la fin de ses *Mémoires*. Il n'eut pas même la curiosité de savoir ce qu'on pensait de ce travail, il n'en fit rien paraître de son vivant. S'il compta sur quelque gloire, ce fut plutôt sur la gloire d'avoir été le dernier des grands seigneurs de France, que sur une des premières places parmi ce qu'il appelait les lettrés du XVIIe siècle. »

Louis de Rouvroy, duc de Saint-Simon, naquit à Paris, dans la nuit du 15 au 16 janvier 1675, de Claude, duc de Saint-Simon, pair de France, et de sa seconde femme, Charlotte de l'Aubespine.

1. Né à Paris le 12 janvier 1628, mort dans la même ville le 16 mai 1703.
2. *Histoire de la littérature française*, t. III.

« Je fus élevé, dit-il, avec un grand soin et une grande application. Ma mère, qui avait beaucoup de vertu et infiniment d'esprit, de mérite et de sens, se donna des soins continuels à me former le corps et l'esprit. » Il portait le titre de Vidame de Chartres et était le camarade de jeux du jeune duc de Chartres, qui fut depuis le Régent.

Quand il eut dix-sept ans, son père le conduisit à la cour avec un équipage de trente-cinq chevaux ou mulets, le présenta au roi son parrain et le fit entrer dans les mousquetaires, où il fallait rester un an avant de pouvoir acheter un régiment. A dix-neuf ans, héritant par la mort de son père du titre de duc et pair, il fut nommé mestre de camp sous les ordres du maréchal de Lorge, dont il devait bientôt épouser la fille, et envoyé sur le vieux Rhin. Là il lut avec avidité les Mémoires qui avaient paru depuis François Ier. « Cette lecture, dit-il, me fit naître l'envie d'écrire aussi ce que je verrais, dans le désir et dans l'espérance d'être de quelque chose, et de savoir le mieux que je pourrais les affaires de mon temps. »

Ces Mémoires, commencés en 1694, comprennent les vingt-quatre dernières années de Louis XIV et les huit premières années de la Régence. Il les écrivit au jour le jour, au courant de la plume, sans chercher ni choisir les mots, ajoutant parfois, ne corrigeant jamais. En 1702, mécontent de n'avoir pas été compris dans une promotion de brigadiers de cavalerie, il quitta le service, au grand mécontentement du roi que ses allures frondeuses avaient déjà irrité. Il ne put obtenir l'ambassade de Rome, pour laquelle il fut désigné deux fois et resta à la cour sans position officielle, observant, « perçant les visages de ses regards clandestins, » tâchant de se faire une idée exacte des choses et des hommes, « tirant de justes conjectures de la vérité de ces premiers élans dont on est si rarement maître, et qui par là, pour qui connaît la caste et les gens, deviennent des inductions sûres des liaisons et des sentiments les moins visibles en temps rassis ! »

Quand Louis XIV mourut, il fut appelé au conseil de régence, contribua à faire remplacer les ministres par des conseils de ducs et pairs et eut la douleur de constater les piteux résultats de cette réforme qui lui était si chère. Il eut aussi la douleur bien plus grande de voir l'abbé Dubois, un petit roturier, le remplacer dans la faveur du Régent, et d'être invité, à la mort de ce prince, à paraître moins souvent à la cour. Il se retira dans ses terres, y acheva ses Mémoires et mourut à Paris le 2 mars 1755.

LE DUC DE SAINT-SIMON

Saint-Simon est un tempérament nerveux et bilieux : il avait le teint jaune et les yeux ardents : « Saint-Simon, disait le Régent, deux charbons sur une omelette. » Ce qui domine dans son âme peu tendre c'est une ambition fiévreuse, exaltée, et un orgueil sans égal. Il est le représentant révolté de la noblesse dans un temps où le roi a imposé à la noblesse, comme aux autres classes, le niveau de son despotisme. Il est bien forcé de courber lui aussi le front dans les galeries de Versailles ; mais il le fait de mauvaise grâce, en regimbant contre ce joug, et le soir, retiré dans ses appartements, il se venge en répandant sur le papier tout son dépit, toute sa colère, toute sa haine.

Ses Mémoires sont comme un acte d'accusation passionné contre ce roi « patron des gens de rien », contre la grande noblesse qui sait à peine conserver, à défaut du pouvoir, les avantages de l'étiquette et la suprématie du tabouret, contre la petite noblesse qui se permet de le coudoyer, contre les ministres, contre les maîtresses du roi, contre ses favoris, contre ses bâtards : il recueille tous les bruits, raconte tous les scandales, il fouille avec bonheur dans la corruption de cette cour asservie et dévote qui n'a pas su l'apprécier. Il ne déguise rien, car il n'écrit pas pour son livre, mais pour vider le trop plein de son cœur : il lève hardiment les voiles, et de cette cour, dont les dehors sont si graves et si solennels, nous voyons les dessous sales et laids.

Entrez dans les coulisses de ce grand théâtre ; appréciez d'abord la politesse tant vantée de la cour du grand roi. Voici madame la duchesse de Berry qui fume avec sa compagnie des pipes qu'on a été chercher au corps de garde des Suisses : un autre jour on la porte ivre-morte dans ses appartements. Voilà la pauvre madame Panade dont les courtisans remplirent les poches de sauce et de ragoût. Monseigneur pousse la galanterie jusqu'à mettre un pétard sur le siège de la princesse d'Harcourt, ou bien il la fait réveiller en introduisant dans sa chambre une compagnie de vingt tambours. Les personnages valent les mœurs. Voyez les raffinements abjects des courtisans, « des champignons de fortune, des insectes de cour, des valets à tout faire » : celui-ci, « plaisant au roi par son extrême servitude et par un esprit fort au-dessous du sien » ; celui-là, « lâchement avide et bassement prostitué à la faveur, se roulant dans les dernières soumissions, pour plaire et se raccrocher », un Villeroy qui, « après s'être fait envier et craindre, se fit mépriser sans faire pitié » ; un Tonnerre, « tombé à un tel point d'abjection, qu'on avait honte de l'insulter » ; un La Feuillade « cœur corrompu à froid, âme de boue ».

Je ne connais pas de plaisir comparable à celui qu'on éprouve en voyant ainsi dévoilés et flétris dans ce style d'une énergie sauvage tous les vices honteux, toutes les vilenies, toutes les bassesses de cette monarchie qui se décompose.

Il ne faut pas savoir gré à Saint-Simon d'avoir ainsi fait justice du despotisme et de sa corruption. Si, un siècle à l'avance, il en a annoncé l'effondrement, c'est seulement par colère de n'être pas écouté. Il n'est pas un politique, il n'est pas un clairvoyant, il n'est pas un libéral, il est simplement un de ces orgueilleux qui « croient que tout doit finir le jour où finit leur influence, et que leur monde n'est pas assez fortement constitué pour leur survivre. »

Son livre n'en est pas moins, sans qu'il l'ait voulu, une grande leçon de liberté. Et de même que dans l'antique Sparte, pour dégoûter les enfants de l'ivresse, on faisait enivrer des esclaves sous leurs yeux, il serait bon de faire lire à la jeunesse quelques unes de ces pages pour leur montrer à quel avilissement, à quelle dégradation conduit l'asservissement à un seul.

Bachaumont[1] s'est, comme Saint-Simon, rendu célèbre par ses *Mémoires* qui sont une source inépuisable de renseignements pour quiconque veut étudier l'histoire du XVIIIe siècle. C'est dans les salons littéraires de Paris et particulièrement dans celui de madame Doublet qu'il recueillit les piquantes anecdotes qui donnent à ses *Mémoires* un si vif intérêt.

Puisque nous parlons de Mémoires, nommons encore d'Argenson. René-Louis de Voyer, marquis d'Argenson, naquit à Paris le 18 octobre 1694; il fut ministre de 1744 à 1747. Cet homme gauche et embarrassé, qu'on appelait à la cour *d'Argenson la Bête*, est peut-être de tous les auteurs de Mémoires qui appartiennent complètement

1. Louis Petit de Bachaumont, né à Paris le 2 juin 1690, mort dans la même ville le 29 avril 1771. Son ouvrage a pour titre : *Mémoires secrets pour servir à l'histoire de la république des lettres*.

au XVIIIe siècle, le plus spirituel, le plus original, le plus passionné et le plus médisant. « On ne peut, dans ma famille, dit-il lui-même, nous définir autrement que ceci : le cœur excellent, l'esprit moins bon que le cœur et la langue plus mauvaise que tout cela. »

Ses écrits sont intéressants à plus d'un titre; mais ce qu'ils présentent de plus curieux, c'est qu'on voit cet esprit d'abord tout pénétré de traditions monarchiques se détacher peu à peu de la royauté et s'ouvrir de plus en plus aux idées nouvelles. Il est d'abord sujet fidèle et aveugle. Les désordres de Louis XV, même quand ils deviennent des scandales, ne le choquent point; sa mollesse, son indifférence ne l'indignent pas; il s'obstine à espérer contre toute espérance : mais voilà le désenchantement qui arrive, les doutes, les anxiétés, le découragement, puis la révolte et il écrit trente ans avant 1789 : « Le temps de l'adoration est passé; ce nom de maître si doux à nos aïeux sonne mal à nos oreilles... J'ai vu de nos jours diminuer le respect et l'amour des peuples pour la royauté... Aujourd'hui tous les ordres sont à la fois mécontents... Partout des matières combustibles. D'une émeute on peut passer à la révolte, de la révolte à une *totale révolution*... L'expérience et la nature ne nous présentent-elles pas dix méchants rois pour un bon? » Il

MARQUIS D'ARGENSON

s'est lassé de la dévotion comme de la royauté : « Les dévots ont toujours chez eux du taquin et de l'antihumanité; le triste joug des prêtres, de l'intrigue, de l'atrabilaire, du triste, et leur secte suppose nécessairement aujourd'hui de la petitesse d'esprit... Moi qui ai servi le roi avec passion, je dis que je préférerais vivre sous Néron plutôt que sous un prince dévot. » Assez mauvais mari et père distrait, peu délicat dans ses goûts, manquant parfois de dignité et de tenue, d'Argenson n'en a pas moins été l'honnête homme libéral et patriote de son temps [1]. Il mourut à Paris le 26 janvier 1757.

Voltaire, que nous avons trouvé au premier rang parmi les poètes, est encore, dans la prose, le plus vif et le plus lumineux de nos écrivains. Il donne au conte un tour nouveau qui surprend, une rapidité qui entraîne, une portée satirique et morale qui en fait une arme souvent terrible. Dans la controverse, il est fin, mordant, il se retourne, change de ton, frappe toujours fort. Nous parlerons plus tard de ses ouvrages d'histoire et de sa philosophie : contentons-nous de mentionner ici cette merveilleuse *Correspondance*, qui est peut-être le chef-d'œuvre de Voltaire le moins contesté. Ces lettres innombrables qu'il écrivit jusqu'à sa mort aux rois, aux princes, aux grands écrivains de son temps et aux plus humbles représentants de l'école philosophique, « ces lettres remplissent toute l'idée que nous nous faisons de l'esprit. » Il y a du bon sens, de la raillerie, de la délicatesse, du tact, un art merveilleux de distribuer des éloges, un art plus merveilleux encore d'en recevoir, des jugements littéraires sur lesquels il n'y a plus à revenir, de beaux développements moraux, de belles pages indignées. Je ne cite rien parce qu'il faudrait tout citer.

1. Voir dans les *Lundis* l'excellent article de Sainte-Beuve sur d'Argenson.

Après Voltaire, il faut parler de son amie la plus fidèle et la plus aimée, la marquise Du Chastellet[1]. La belle Émilie, comme on l'appelait, était la fille du baron de Breteuil, introducteur des ambassadeurs sous Louis XIV. Elle apprit, dès sa jeunesse, avec une merveilleuse facilité le latin, l'anglais et l'italien. A quinze ans elle entreprit une traduction de Virgile. Tout ce qui touchait aux lettres et aux sciences lui était familier; elle dissertait sur la littérature avec Voltaire, dont elle fut l'inspiratrice, et sur les mathématiques avec le savant Dortous de Mairan. Voltaire a tracé de son amie le portrait suivant : « Née avec une éloquence singulière, cette éloquence ne se déployait que quand elle avait des objets dignes d'elle. Ces lettres où il ne s'agissait que de montrer de l'esprit, des petites finesses, ces tours délicats que l'on donne à des pensées ordinaires, n'entraient pas dans l'immensité de ses talents. Le mot propre, la précision, la justesse et la force était le caractère de son éloquence. Elle eut plutôt écrit comme Pascal et Nicole que comme madame de Sévigné. Mais cette fermeté sévère, cette trempe vigoureuse de son esprit ne la rendaient pas inaccessible aux beautés de sentiment. Les charmes de la poésie et de l'éloquence la pénétraient, et jamais oreille ne fut plus sensible à l'harmonie. Elle savait par cœur les meilleurs vers et ne pouvait souffrir les médiocres. »

Le nom de madame Geoffrin[2] n'est pas déplacé près de celui de Voltaire. Si Voltaire a été le grand chef du parti réformateur madame Geoffrin en a été, si je puis dire, la maîtresse de maison. Elle a plus fait dans son salon pour la cause de la tolérance et de la liberté

1. Gabrielle-Émilie Le Tonnelier de Breteuil, marquise Du Chastellet, née à Paris le 17 septembre 1706, morte à Lunéville le 10 août 1749.

2. Marie-Thérèse Rodet, dame Geoffrin, née à Paris en 1699, morte dans la même ville en 1777.

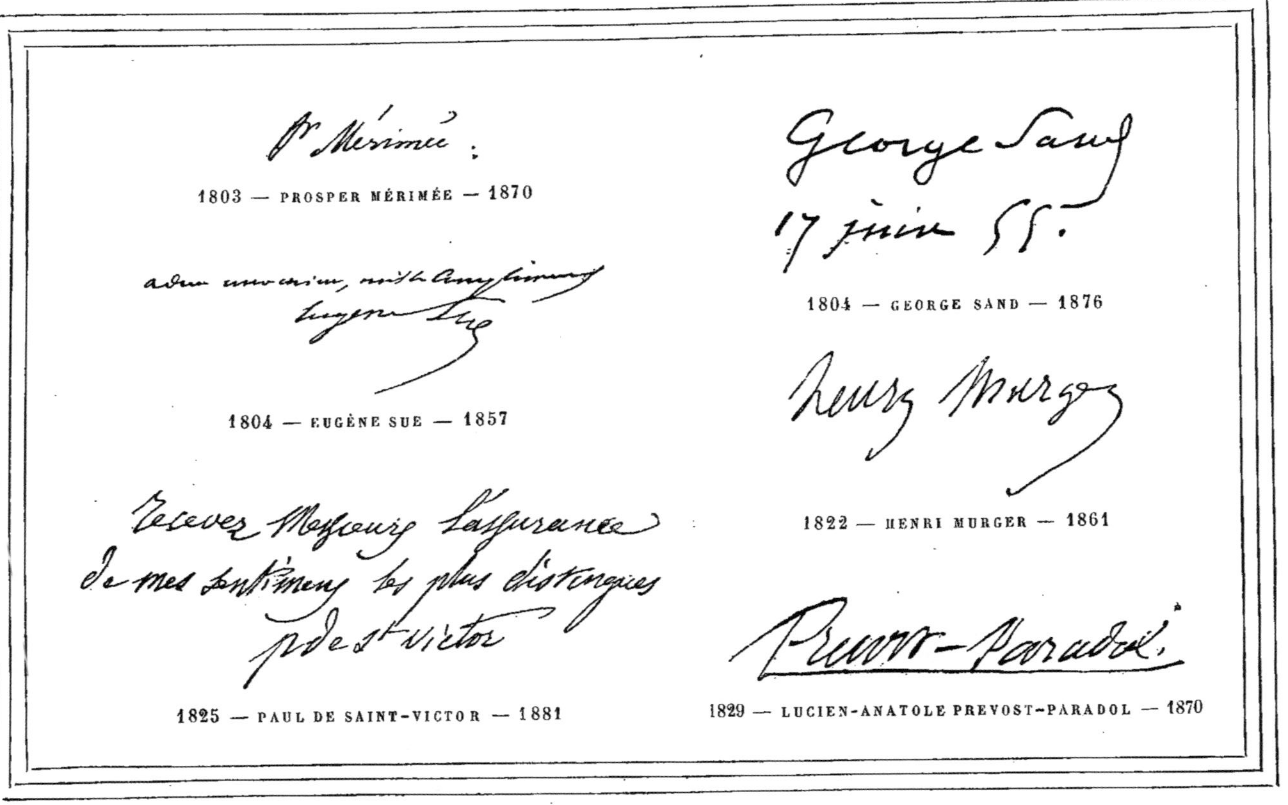

LES PROSATEURS

que bien des écrivains dans leurs livres. « Le XVIIIe siècle, a-t-on dit[1], fut avant tout une école de sociabilité. Les salons sont ses tribunes. C'est là qu'est la vie. C'est là que s'agitent toutes les idées, toutes les passions qui l'occupent... Les femmes jouent un rôle important dans ces réunions : elles en sont le motif et le lien. Elles ne s'associeront jamais peut-être autant qu'elles firent alors à ces préoccupations sérieuses qui sont, d'ordinaire, le domaine presque exclusif des hommes.

« Leur timidité naturelle, leur imprudence généreuse, le mépris qu'elles ont du danger les portèrent du premier coup aux extrêmes. Elles furent l'auditoire excitant qui exalte l'orateur par d'ardentes approbations et qui lui renvoie sa parole centuplée par un sympathique écho. »

Il n'est pas de femme à qui ces paroles puissent mieux s'appliquer qu'à madame Geoffrin. Personne ne sut mieux causer qu'elle : personne surtout ne sut mieux faire causer : elle eut des idées, elle donna des conseils : les encyclopédistes n'ont rien écrit, à quoi elle n'ait eu sa part de collaboration, discrète, anonyme, mais bien réelle; et c'est pour cela que nous avons placé parmi les prosateurs une femme qui n'a presque rien écrit et qui savait à peine l'orthographe.

Madame Geoffrin est parisienne. Bourgeoise de naissance, mariée à quinze ans à un gros bourgeois, un des fondateurs de la manufacture de glaces du faubourg Saint-Antoine, elle ne sortit qu'une fois de sa ville natale. En 1766, à l'âge de soixante-sept ans, elle alla voir à Varsovie, Stanislas Poniatowski, qui, à peine élevé au trône, lui avait écrit : « Maman, votre fils est roi. » Elle trouvait « qu'il n'y a pas de meilleur air que celui de Paris. » En quelque lieu qu'elle eût pu être, elle aurait préféré son ruisseau de la rue Saint-Honoré.

1. De Goncourt : *Du caractère des femmes au* XVIIIe *siècle.*

« Madame Geoffrin, dit Sainte-Beuve, ajoute un nom de plus à cette liste de génies parisiens qui ont été doués à un si haut degré de la vertu affable et sociable, et qui sont aisément civilisateurs. »

Elle réunit chez elle les gens de lettres le plus tôt qu'elle put, hérita, quand madame de Tencin mourut, des habitués de son salon, et devint alors sans conteste « le grand ministre de la société ».

Le lundi, elle recevait les artistes : Vanloo, Boucher, Vernet, La Tour, Vien, Soufflot, Lemoyne ; le mercredi, les littérateurs : d'Alembert, Marivaux, Helvétius, Raynal, Thomas, Grimm, d'Holbach, Turgot, Condorcet, etc.

Le mari assistait à ces réunions, mais il y tenait peu de place. « Qu'est devenu, demanda un étranger à madame Geoffrin, ce vieux monsieur qui assistait à tous les dîners et ne disait jamais rien ?... — C'était mon mari, dit-elle, il est mort. » On essayait de faire lire au bonhomme un ouvrage d'histoire ou de voyages. Soit malice, soit inattention, on lui donna plusieurs fois de suite le premier volume des voyages du père Labat. M. Geoffrin ne s'aperçut de rien et se contenta de trouver « que l'ouvrage était intéressant, mais que l'auteur se répétait un peu ».

Madame Geoffrin contrastait singulièrement avec ce mari un peu ridicule. On nous la représente imposant le respect avec douceur « par sa taille élevée, par ses cheveux d'argent, par sa mine si noble et si décente et son air de raison mêlé de bonté ».

La bonté, voilà le trait essentiel de son caractère : elle avait le besoin de donner. D'Alembert raconte qu'étant toute petite, si elle voyait de sa fenêtre quelques malheureux demandant l'aumône, elle leur jetait tout ce qui se trouvait sous sa main : son pain, son linge et jusqu'à ses habits. On la grondait de cette intempérance de charité, on la punissait quelquefois, mais elle recommençait toujours. Elle aurait voulu faire le bien jusqu'après sa mort par la main de ses amis :

elle plaça douze cents livres sur la tête de l'un d'eux, qui était pauvre : « Si vous devenez plus riche, lui dit-elle, donnez cet argent pour l'amour de moi, quand je ne pourrai plus le donner. »

« Un jour, dit Sainte-Beuve, on lui faisait remarquer que tout était chez elle en perfection, tout excepté la crème qui n'était pas bonne. — « Que voulez-vous, je ne puis changer ma laitière. — Et qu'a donc fait cette laitière pour qu'on ne la puisse changer? — C'est que je lui ai donné deux vaches. » Et en effet, un jour que cette laitière pleurait de désespoir d'avoir perdu sa vache, madame Geoffrin lui en avait donné deux, une de plus pour la consoler d'avoir tant pleuré, et depuis ce jour aussi elle ne comprenait pas qu'elle pût jamais changer cette laitière. Voilà le rare et le délicat. Bien des gens eussent été capables de donner une vache ou même deux, mais de garder la laitière ingrate ou négligente, malgré sa mauvaise crème, c'est ce qu'on n'eût pas fait. Madame Geoffrin le faisait pour elle-même, pour ne pas se gâter le souvenir d'une action charmante. »

Cette fortune, qu'elle répandait avec tant de tact, elle la mit au service de l'*Encyclopédie*. Sa fille, en revoyant ses comptes, trouva qu'elle avait dépensé plus de cent mille écus pour soutenir cette grande entreprise. Cette générosité lui valut l'honneur, qu'elle méritait d'ailleurs de tant de manières, d'être raillée sur la scène par le médiocre Palissot dans sa comédie des *Philosophes*.

On ne sait plus aujourd'hui ce que c'est que Palissot et le nom de madame Geoffrin n'est pas près d'être oublié.

Madame de Staël[1], plus brillante et plus passionnée que madame Geoffrin, eut comme elle le génie et l'impérieux besoin de la conversation.

1. Anne-Louise-Germaine Neckér, baronne de Staël-Holstein, née à Paris le 2 avril 1766, morte dans la même ville le 14 juillet 1817.

1766 — MADAME DE STAEL — 1817

« A Paris, en Suisse, en Allemagne, en Italie, en Suède, partout elle devenait centre tout naturellement. Dans son salon accouraient les étrangers de tous les pays; on était curieux, avide de l'entendre. Sur un mot, elle partait, semant les aperçus fins, ingénieux, profonds même. C'était une virtuose incomparable. »

La parole de madame de Staël, a dit Chênedollé, était teinte de la foudre. Elle avait des dix minutes de conversation vraiment étonnantes. Ceux qui l'avaient entendue une fois auraient voulu l'écouter toute leur vie. Un de ses amis de Suisse, Bonstetten, écrivait : « Je n'ai pas d'idée de ce que la conversation deviendra lorsqu'elle ne sera plus ici. Il me semble que nous allons être tous muets ou crétins. »

Nous ne trouvons dans ses écrits qu'une image un peu refroidie de cet art merveilleux de la parole, mais il y a encore du charme, de l'éclat, de l'imagination, une haute raison et beaucoup d'âme. Les romans un peu métaphysiques de *Delphine* et de *Corinne* sont lus encore, parce qu'on aime à y trouver les aspirations d'un esprit supérieur et à y chercher les confidences d'un cœur tendre qui a beaucoup souffert. Le livre de l'*Allemagne* révéla à la France les richesses d'une littérature jusque là ignorée, ouvrit la voie au romantisme et affirma en plein empire les principes de la révolution.

C'est là le plus beau côté du caractère et du talent de madame de Staël. Fille de Necker, l'homme d'État populaire, le ministre philosophe, élevée dans la société de Marmontel, de Raynal, de Grimm, de Buffon, qui fréquentaient le salon de sa mère, formée aux idées sérieuses par la lecture de Rousseau, de Condorcet, des encyclopédistes, elle avait aspiré tous les souffles de l'esprit du siècle. Elle se révoltait contre les privilèges, l'arbitraire, l'intolérance, elle se passionnait pour tous les progrès. Elle salua avec une joie enivrante les grandes journées de 1789.

Après le 18 brumaire, elle protesta avec un courage tout viril contre la violation du droit par la force. Elle resta fidèle à la liberté au milieu de toutes les abjurations et de toutes les apostasies. Napoléon l'exila. De ces idéologues dont il disait : « Ils sont là douze ou quinze métaphysiciens, bons à jeter à l'eau. C'est une vermine que j'ai sur mes habits », c'est Madame de Staël qu'il haïssait le plus : il l'a insultée et calomniée jusque dans le *Mémorial de Sainte-Hélène*.

Lorsque l'Empire tomba, la Terreur blanche, la réaction cléricale et monarchique, lui inspira autant d'horreur que le despotisme de Bonaparte. Avant de mourir elle écrivait cette page :

« Quand, depuis tant de siècles, toutes les âmes généreuses ont aimé la liberté ; quand les plus grandes actions ont été inspirées par elles ; quand l'antiquité et l'histoire des temps modernes nous offrent tant de prodiges opérés par l'esprit public ; quand tout ce qu'il y a de penseurs parmi les écrivains a proclamé la liberté ; quand on ne peut pas citer un ouvrage politique d'une réputation durable qui ne soit animé par ce sentiment ; quand les beaux-arts, la poésie, les chefs-d'œuvres du théâtre destinés à émouvoir le cœur humain exaltent la liberté, que dire de ces petits hommes à grande fatuité, qui vous déclarent, avec un accent fade et maniéré comme tout leur être, qu'il est de bien mauvais goût de s'occuper de politique ; que, après les horreurs dont on a été témoin, personne ne se soucie plus de la liberté ; que les élections populaires sont une institution tout à fait grossière ; que le peuple choisit toujours mal, et que les gens comme il faut ne sont pas fait pour aller, comme en Angleterre, se mêler avec le peuple ? »

Il y a deux hommes en Paul-Louis Courier[1].

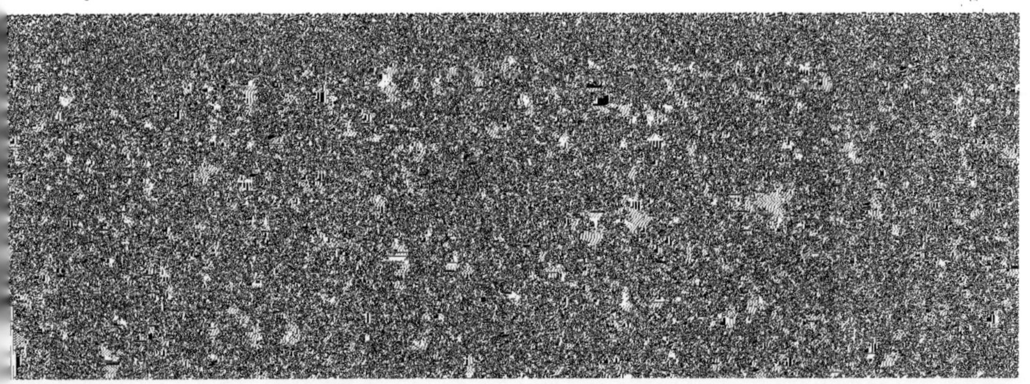

www.ingramcontent.com/pod-product-compliance
Ingram Content Group UK Ltd.
Pitfield, Milton Keynes, MK11 3LW, UK
UKHW020244220726
13923UKWH00002B/820